10 Lições sobre
FOUCAULT

Dados Internacionais de Catalogação na Publicação (CIP)
(Câmara Brasileira do Livro, SP, Brasil)

Yazbek, André Constantino
  10 lições sobre Foucault / André Constantino Yazbek. 6. ed. – Petrópolis, RJ : Vozes, 2015.

  5ª reimpressão, 2020.

  ISBN 978-85-326-4334-6

  1. Filosofia francesa 2. Foucault, Michel, 1926-1984 I. Título. II. Série.

12-00939   CDD-194

Índices para catálogo sistemático:
  1. Filosofia francesa   194
  2. Filósofos franceses : Biografia e obra   194

André Constantino Yazbek

10 Lições sobre
FOUCAULT

EDITORA VOZES
Petrópolis

© 2012, Editora Vozes Ltda.
Rua Frei Luís, 100
25689-900 Petrópolis, RJ
www.vozes.com.br
Brasil

Todos os direitos reservados. Nenhuma parte desta obra poderá
ser reproduzida ou transmitida por qualquer forma e/ou quaisquer
meios (eletrônico ou mecânico, incluindo fotocópia e gravação)
ou arquivada em qualquer sistema ou banco de dados
sem permissão escrita da editora.

CONSELHO EDITORIAL

Diretor
Gilberto Gonçalves Garcia

Editores
Aline dos Santos Carneiro
Edrian Josué Pasini
Marilac Loraine Oleniki
Welder Lancieri Marchini

Conselheiros
Francisco Morás
Ludovico Garmus
Teobaldo Heidemann
Volney J. Berkenbrock

Secretário executivo
João Batista Kreuch

Editoração: Fernando Sergio Olivetti da Rocha
Diagramação e capa: Sheilandre Desenv. Gráfico
Ilustração: Omar Santos

ISBN 978-85-326-4334-6

Editado conforme o novo acordo ortográfico.

Este livro foi composto e impresso pela Editora Vozes Ltda.

Para Salma Tannus Muchail
e Franklin Leopoldo e Silva.

SUMÁRIO

Introdução, 9

Primeira lição – Foucault, seu tempo e suas obras, 15

Segunda lição – Da "epistemologia" francesa e sua influência sobre Michel Foucault, 32

Terceira lição – Da "arqueologia" desenvolvida por Michel Foucault, 39

Quarta lição – "Razão" e "loucura" em *História da loucura*, 44

Quinta lição – A espacialização do olhar *sobre* o corpo e a possibilidade de um saber *do* indivíduo em *O nascimento da clínica*, 55

Sexta lição – Saber e *epistémê* em *As palavras e as coisas*: as condições de possibilidade das ciências humanas, 67

Sétima lição – O homem como um par "empírico-transcendental" e o lugar das ciências humanas na Modernidade, 81

Oitava lição – Da "genealogia" desenvolvida por Michel Foucault, 91

Nona lição – Da "arqueologia" à "genealogia": o "poder disciplinar" e o exemplo da instituição hospitalar, 97

Décima lição – "Poder disciplinar" e o "dispositivo panóptico" na genealogia desenvolvida em *Vigiar e punir*, 107

Conclusão, 119

Referências, 127

Introdução

"Mas, para mim, 1961 continua e continuará sendo o ano em que se descobriu um verdadeiro grande filósofo. Eu já conhecia pelo menos dois que haviam sido meus colegas de estudos, Raymond Aron e Jean-Paul Sartre. Também não eram indulgentes com relação a Foucault. Um dia, contudo, os três foram vistos juntos. Era para apoiar, contra a morte, uma aventura sem fronteiras"[1]. Estas são as palavras pronunciadas por Georges Canguilhem em 1991, durante o IX Colóquio da Sociedade Internacional de História da Psiquiatria e da Psicanálise, dedicado, justamente, à celebração dos trinta anos da publicação da obra seminal de Michel Foucault, *História da loucura na Idade Clássica*. E não é ao acaso que Canguilhem se refira a duas outras grandes figuras do pensamento francês contemporâneo: Jean-Paul Sartre e Raymond Aron. Assim como eles, Michel Foucault marcou profundamente o pensamento contemporâneo, mormente o francês.

No entanto, a filosofia foucaultiana pertence a uma geração diversa daquela da geração de pensadores que floresceria no imediato pós-guerra, uma

---

1. CANGUILHEM, G. "Abertura". In: ROUDINESCO, E. et al. *Leituras da história da loucura*. Rio de Janeiro: Relume-Dumará, 1994, p. 33-36.

geração cujo esforço maior – em terreno propriamente francês – talvez tenha sido o de reverberar o eclipse do existencialismo e, com ele, promover um intenso ataque às chamadas "metafísicas do sujeito". Se até então Sartre se apresentara como o *"maître à penser"* daqueles anos, consciência moral de toda uma época, para a geração à qual Foucault pertence o acesso à filosofia se dará pelo questionamento declarado das heranças de uma *metafísica do cogito* (ou seja, da pretensão em fazer o pensamento repousar – ou originar-se – em uma manifestação inequívoca do sujeito verdadeiro). É pelo esforço de "desconstrução" das linhas de força constitutivos da história da *metafísica* que esta geração virá a lume[2].

Assim, aproveitando-se o jogo de contrastes entre os autores, poder-se-ia dizer que a arqueologia de Foucault não deixou de ser uma resposta à "fenomenologia" francesa; e quando o Sartre de *O ser e o nada* esposar sua filosofia com o marxismo, será também contra Marx (ou talvez contra o que há de Hegel em Marx) que Foucault se posicionará: é o momento de sua genealogia, uma resposta nietzscheana ao marxismo francês[3].

---

2. ALLIEZ, É. *Da impossibilidade da fenomenologia* – Sobre a filosofia francesa contemporânea. São Paulo: Ed. 34, 1996, p. 19-20 [Trad. De Raquel de Almeida Prado e Bento Prado Jr.].

3. Neste sentido, e de acordo com Paul Veyne, o problema de método em Michel Foucault poderia ser formulado nos seguintes termos: como conseguir mais do que aquilo que nos permite uma filosofia da consciência – como o existencialismo – sem com isso cair nas aporias do marxismo? Cf. VEYNE, P. *Comment on écrit l'histoire*. Paris: Seuil, 1978, p. 383.

É certo que este confronto de autores não constitui a finalidade do pequeno trabalho que o leitor tem em mãos. Ademais, já tivemos a oportunidade de nos ocuparmos destes contrastes entre as filosofias de Jean-Paul Sartre e Michel Foucault em outro lugar[4].

Mas a breve comparação nos favorece na medida em que apresenta ao leitor, logo de chofre, a dimensão do pensamento foucaultiano: grande entre os grandes, Foucault foi implacável em desmontar os esquemas com os quais até então o pensamento filosófico se movimentara (sobretudo em sua idade moderna). A começar pelo maior deles: aquele que insiste em recolher as marcas do pensamento na referência a um sujeito que, no fundo, não tem dúvidas quanto a sua "verdadeira natureza" de *sujeito fundador*.

Neste sentido, Michel Foucault foi um filósofo que procurou colocar-se nos limites de *nossa* cultura de pensamento, subvertendo a moderna interrogação *sobre* o sujeito racional por outra, que a desarma e desnuda: e se o próprio *"pensar"* for constituído por sistemas anônimos, estruturas formais, isto é, não primordialmente por um conjunto de atos referentes a este ou àquele sujeito – ou mesmo ao sujeito racional em sua generalidade –, mas sim pelos espaços nos quais nos movemos (espaços que, por isso mesmo, designam não o lugar de exercício

---

4. YAZBEK, A.C. *Itinerários cruzados* – Os caminhos da contemporaneidade francesa nas obras de Jean-Paul Sartre e Michel Foucault. São Paulo: Educ/Fapesp.

de autonomia do sujeito, mas o lugar de constrangimentos para o pensável, o enunciável, o concebível)? E se o sujeito, ele próprio, não for senão um resultado discursivo, uma "função enunciativa", um "espaço vazio" a ser preenchido, no interior dos discursos, por quem de direito?

Neste caso, talvez não haja "estrutura" mais essencial – e, por conseguinte, mais constrangedora – para o pensamento moderno do que aquela que, ao fundar a autonomia da razão, mascara o jogo de forças entre a palavra e o sujeito que a detém, fazendo do *logos* e da *verdade* um campo neutro e universal, passível de ser preenchido por um sujeito racional qualquer. Colocar-se nos *limites* desta cultura implicaria, portanto, sublinhar que as suas prerrogativas não são as prerrogativas da razão ela própria (uma vez que a "razão", *ela própria*, não se encontra em parte alguma); assim como um "sujeito qualquer", neste espaço de pensamento que é o *nosso*, é (quase) sempre um sujeito informado pelo racionalismo[5]. É aqui, no cerne de nossa cultura de pensamento, que Foucault procurou atuar, contrariando sua vocação a ser informada pelas "grandes narrativas" da ciência, do saber referenciado pelo sujeito.

Estamos, portanto, diante de um pensamento que postula uma tarefa crítica para a filosofia, sem, no entanto, pagar tributo ao transcendental kantiano: como esta introdução pretende tornar claro, Foucault

---

5. Ibid., p. 147.

não remeterá seu questionamento às condições de possibilidade de um sujeito fundador da validade da experiência possível. Ao contrário, suas investigações se dirigem às condições de possibilidade *históricas* (não transcendentais) de constituição dos códigos culturais fundamentais a partir dos quais (contingencial e arbitrariamente) se impôs ordem à experiência no âmbito do pensamento ocidental. "A crítica", dirá Foucault, "é certamente a análise dos limites e a reflexão sobre eles. Mas se a questão kantiana era aquela de saber quais os limites o conhecimento deve renunciar a ultrapassar, parece-me que *a questão crítica, hoje, deve ser revertida em questão positiva*: naquilo que nos é dado como universal, necessário, obrigatório, qual a parte que é singular, contingente e devida a constrangimentos arbitrários?"[6]

Este é o fundo comum de uma obra que, a um olhar mais apressado, poderia apresentar-se como excessivamente múltipla, descontínua, dispersa: da temática da loucura na "Idade Clássica" ao "uso dos prazeres" na Antiguidade, do nascimento das ciências humanas às prisões, da instituição dos saberes aos dispositivos de poder e à sexualidade, a diversidade temática do pensamento foucaultiano não é fruto de mera arbitrariedade ou capricho de erudi-

---

6. FOUCAULT, M. "Qu'est-ce que les Lumières?" *Dits et écrits II, 1976-1988*. Paris: Gallimard, 2001, p. 1.393. A tradução das obras referenciadas em língua estrangeira é de responsabilidade exclusiva do autor deste trabalho.

ção. É o que esperamos demonstrar ao leitor, fornecendo-lhe um fio condutor possível (ainda que não o único) para uma introdução ao pensamento de Michel Foucault. Para tanto, nosso foco se limitará a dois períodos bem demarcados da obra foucaultiana, aqueles de sua arqueologia e de sua genealogia. No primeiro, como se sabe, as atenções de Foucault estarão voltadas para o modo de aparecimento e de inserção do sujeito como *objeto* para um *saber* com *status* de ciência; no segundo, por sua vez, tratar-se-á de investigar a maneira como o sujeito, aprisionado em objetividade pelo *saber*, torna-se objeto de divisões normativas diversas.

Por fim, um último esclarecimento: grife-se que este pequeno livro tem um caráter apenas propedêutico, e é por ele que deve ser julgado. Se tiver cumprido seu papel, terá levado o leitor a reportar-se aos textos e obras originais de Michel Foucault. Caso isto ocorra, decerto terá havido algum proveito em sua leitura.

Primeira lição
Foucault, seu tempo e suas obras

Paul-Michel Foucault nasceu em 15 de outubro de 1926, na cidade de Poitiers, em uma família de médicos renomados – seu pai, Paul Foucault, era cirurgião e professor da Escola de Medicina local. Percorreu a formação característica de um jovem nessas condições: do secundário ao Liceu em sua cidade natal, passando pela Sorbonne e pela École Normale Supérieure da Rua D'Ulm, ambas em Paris. Pela primeira instituição Foucault receberá seu diploma em filosofia (1948); pela segunda, em psicologia (1949). Entretempos, iniciaria seu percurso intelectual na ambiência da fenomenologia e do marxismo – à época, referências praticamente incontornáveis. Mesmo estando sob a influência da fenomenologia – cujos traços se fazem visíveis em seus primeiros escritos (uma *Introdução* redigida para a tradução francesa de *O sonho e a existência*, de autoria do psiquiatra Ludwig Binswanger, e sua primeira obra, *Doença mental e personalidade*, ambas de 1954) –, Foucault rapidamente encontrará seu solo de pensamento, seguindo, inicialmente, os rastros da tradição epistemológica francesa: Gaston Bachelard, Georges Canguilhem e Georges Dumézil.

Em 1955, sob a recomendação de Dumézil, Foucault se tornará diretor da Maison de France em Uppsala, na Suécia, cidade em que permanecerá até 1958, e na qual escreverá *Loucura e desrazão – História da loucura na Idade Clássica*, tese de doutorado defendida em 1961, na Sorbonne, diante de uma banca formada por Henri Gouhier (presidente), Georges Canguilhem (relator da tese), Jean Hyppolite, Daniel Lagache e Maurice de Gandillac. Como tese complementar à *História da loucura* – à época exigia-se, para o doutorado, a submissão de uma "tese secundária" que deveria acompanhar a tese principal –, Foucault apresentará uma tradução da *Antropologia do ponto de vista pragmático*, de Immanuel Kant, precedida por uma longa introdução intitulada *Gênese e estrutura da Antropologia de Kant*[7]. Para esta segunda tese, Jean Hyppolite será o relator.

História da loucura se apresenta não como uma "história da psiquiatria", mas como uma investigação dedicada à "cisão originária" que estabeleceu a distância entre razão e loucura no curso de nossa história, bem como aos esforços da primeira para

---

7. Com o título de *Introdução à antropologia*, e devidamente acompanhada da tradução de *Antropologia kantiana*, apenas recentemente a já famosa "tese complementar" de Foucault seria publicada, na França, pela Editora Vrin. Cf. KANT, I. & FOUCAULT, M. *Antropologie du point de vue pragmatique & Introduction à l'Anthropologie*. Paris: Vrin, 2008 [Bibliothèque des Textes Philosophiques].

arrancar da segunda *sua* verdade. Trata-se, portanto, de fazer a história da progressiva *medicalização* da loucura no pensamento ocidental, isto é, de retraçar, no campo da *nossa* experiência histórica, o progressivo domínio da razão sobre a loucura, assinalando o fim da Época Renascentista (séculos XV e XVI), o advento da Idade Clássica (séculos XVII e XVIII) e, a partir de então, os caminhos da experiência moderna da loucura (séculos XIX e XX) – momento em que o "homem alienado" será reconhecido, a um só tempo, como "incapaz *e* como louco"[8], e no qual a loucura se constituirá como "doença mental"[9].

Destarte, *História da loucura* carregava uma tese explosiva, destinada a toda sorte de mal-entendidos e à crítica persistente dos psiquiatras, psicólogos e historiadores da psicopatologia – que, no entanto, pronunciavam suas críticas de um lugar epistemológico diferente daquele de Foucault[10]. O lu-

---

8. FOUCAULT, M. *História da loucura na Idade Clássica*. São Paulo: Ed. Perspectiva, 2003, p. 132 [Trad. de José Teixeira Coelho Netto].

9. "A psicopatologia do século XIX (e talvez ainda a nossa) acredita situar-se e tomar suas medidas com referência num *homo natura* ou num homem normal considerado como dado anterior a toda experiência da doença. Na verdade, esse homem normal é uma criação". Cf. ibid.

10. Para um inventário sumário das críticas que a obra suscitaria, que o leitor se reporte a ROUDINESCO, E. "Introdução: leituras da história da loucura (1961-1986)". In: ROUDINESCO, E. et al. *Leituras da história da loucura*. Rio de Janeiro: Relume-Dumará, 1994, p. 7-32 [Trad. de Maria Ignes Duque Estrada].

gar de fala do filósofo não estava na pretensa unidade da "ciência psicológica", mas sim em uma reflexão cujo caráter *histórico* e *crítico* seria afirmado em sua obra subsequente, publicada em 1963 e intitulada *O nascimento da clínica*: "A pesquisa aqui empreendida implica, portanto, o projeto deliberado de ser ao mesmo tempo histórica e crítica, na medida em que se trata, fora de qualquer intenção prescritiva, de determinar as condições de possibilidade da experiência médica, tal como a Época Moderna a conheceu"[11].

Neste novo livro, que já traz em seu subtítulo o termo "arqueologia" ("uma arqueologia do olhar médico"), Foucault estenderá à medicina em geral suas análises a respeito dos conceitos da medicina mental: também aqui, mas limitando sua proposta aos últimos anos do século XVIII e ao início do XIX (momento em que a medicina se reorganiza, como prática e como ciência, por ocasião do surgimento da anatomia patológica), tratava-se de interrogar seu nascimento, suas condições de possibilidade e as divisões normativas que a medicina clínico-patológica acabaria por engendrar.

Em 1966 Foucault publica o livro que o lançará em uma polêmica direta com a geração existencialista (sobretudo Jean-Paul Sartre), alçando-o ao *status* de "celebridade" na cena cultural francesa: *As*

---

11. FOUCAULT, M. *O nascimento da clínica*. Rio de Janeiro: Forense Universitária, 2008, p. xvi [Trad. de Roberto Machado].

palavras e as coisas: uma arqueologia das ciências humanas[12]. Nessa obra, Foucault se debruça sobre a análise da constituição histórica dos saberes *sobre* o homem. Sua tese basilar é relativamente bem conhecida (embora, no mais das vezes, significativamente vulgarizada): percorrendo o mesmo arco histórico das obras anteriores – cujo cerne compreende a grande ruptura que caracteriza a passagem da chamada Idade Clássica (séculos XVII e XVIII) à Época Moderna (séculos XIX e XX) –, Foucault procura retraçar a mutação, na ordem do saber[13], que teria engendrado o "homem" como objeto disposto ao conhecimento, bem como as ambivalências desta "estranha figura epistêmica" ("um estranho duplo empírico-transcendental, porquanto [o homem] é um ser tal que nele se tomará conhecimento do que torna possível todo conhecimento"[14]). Este "objeto" específico que é o "homem", surgido das novas

---

12. "'Foucault como pãezinhos'. É o título de um artigo que *Le Nouvel Observateur* consagra às melhores vendas do verão de 1966. Por incrível que pareça, *As palavras e as coisas* conhecerão um enorme sucesso. O autor e o editor serão os primeiros a se surpreenderem." Cf. ERIBON, D. *Michel Foucault, 1926-1984*. Paris: Flammarion, 1989, p. 183.

13. Compreenda-se por "saber", em sentido foucaultiano e ainda de maneira preliminar, um nível particular de discursos que se situam entre a "opinião" e o "conhecimento científico"; discursos "cujo corpo visível não é o discurso teórico ou científico, nem tampouco a literatura, mas uma prática cotidiana e regrada". FOUCAULT, M. "Titres et Travaux – Annexe 3". In: Ibid., p. 362-363.

14. FOUCAULT, M. *As palavras e as coisas*: uma arqueologia das ciências humanas. São Paulo: Martins Fontes, 2007, p. 439 [Trad. de Salma Tannus Muchail].

disposições do pensamento moderno, dará lugar a um conjunto de novos saberes: as ciências humanas.

Ocorre que as análises efetuadas por Foucault em *As palavras e as coisas* serão acompanhadas por uma crítica incisiva ao que ele denominará de "analíticas da finitude": a fenomenologia e sua derivação existencialista, mas igualmente o marxismo. *Grosso modo*, tais filosofias não fazem senão prolongar a "estrutura antropológico-humanista do pensamento do século XIX"[15], já que pretendem fazer valer uma interrogação cujo fulcro central – e ilusório – se assenta na consideração do *sujeito* (ou "consciência") como fundação e acesso ao fundamento. Da perspectiva foucaultiana, no entanto, este tipo de "pensamento" (que toma ao "homem" como "sujeito de todo o tipo de saber e objeto de um saber possível") "está em vias de se desfazer, de se desagregar diante de nossos olhos"[16]. E esta será, precisamente, a aposta final de *As palavras e as coisas*, consubstanciada no anúncio polêmico da "morte do homem": "O homem é uma invenção cuja recente data a arqueologia de nosso pensamento mostra facilmente. E talvez o fim próximo"[17].

No mesmo ano, isto é, ainda em 1966, Foucault será nomeado professor de filosofia na Universidade da Tunísia. Esse novo "exílio voluntário" o marcará significativamente: ele participa ativamente da

---

15. FOUCAULT, M. "Qui êtes-vous, Professeur Foucault?" *Dits et écrits I, 1954-1975*. Op. cit., p. 636.

16. Ibid.

17. FOUCAULT, M. *As palavras e as coisas*. Op. cit., p. 536.

vida universitária e intelectual da Tunísia, trava contato com as revoltas estudantis anti-imperialistas e intervém a favor dos estudantes, protegendo-os da repressão que se abaterá sobre eles. Mas é também em solo tunisiano que Foucault iniciará a redação de sua obra propriamente metodológica, uma obra motivada tanto pelas polêmicas suscitadas em *As palavras e as coisas* quanto pelo próprio desenvolvimento interno de suas pesquisas: *A arqueologia do saber*. Era necessário agora – tendo em vista um conjunto de investigações que, ao menos desde *O nascimento da clínica*, já se anunciavam explicitamente como sendo os de uma "arqueologia" – precisar um vocabulário, fixar e estabilizar certos conceitos, conferir, enfim, certo desenho a um procedimento cujos resultados preenchiam as páginas de obras anteriores.

Com efeito, *Arqueologia do saber* parece encerrar um ciclo na trajetória de Michel Foucault: na opinião dos estudiosos de sua obra – que apresento aqui de modo esquemático –, encerra-se, neste momento, a chamada "fase arqueológica" de seu pensamento. Tratar-se-ia de uma etapa na qual Foucault teria se voltado primordialmente (ainda que não exclusivamente) para investigações relativas à constituição histórica de "saberes" em discursos qualificados como verdadeiros, com a consequente interdição e/ou desqualificação de outros.

Em seu retorno a Paris, em fins de 1968, Foucault será nomeado para organizar o departamento de filosofia da Universidade de Vincennes, uma recém-criada instituição de caráter experimental. Mas não se tratava apenas de um "centro experimental" no sentido "acadêmico" do termo, mas também no sentido "político"[18].

Foucault permanecerá por dois anos na universidade, participando ativamente da "agitação universitária" daquele período: estaria ao lado do grupo de estudantes que, em solidariedade a seus colegas que ocupavam a Sorbonne, tomaria o prédio da administração e o anfiteatro de Vincennes; seria um dos "oradores mais virulentos" quando de um encontro de intelectuais reunidos para protestar contra as medidas disciplinares que se seguiriam à repressão do movimento estudantil; denunciaria, com vigor, a "armadilha" que teria sido preparada pelas autoridades universitárias e políticas contra o departamento de filosofia da universidade, "prometendo-lhes a mais total liberdade e reprimindo-a logo que ela quis exercer-se"[19]. Neste momento, enfim, o filósofo "se dirige verdadeiramente à política": "É aqui que se inventa o Foucault que todo mundo conhece, aquele das manifestações e dos manifestos, das 'lutas' e da 'crítica' [...]"[20].

---

18. "Quando da assembleia geral [organizada para propor as modalidades de funcionamento da universidade], um dos redatores da plataforma fez a seguinte declaração, relatada pelo [jornal] *Le Monde*: 'Nós devemos impor que o ensino, em Vincennes, desenvolva a reflexão e a formação política de modo a torná-las uma base de ação externa'". Cf. ERIBON. *Michel Foucault*. Op. cit., p. 215.

19. Ibid., p. 217-220.

20. Ibid., p. 222.

Em 1970 Foucault será nomeado para o Collège de France em substituição a Jean Hyppolite. A cadeira que ele ocupará será criada especialmente para abrigá-lo: "História dos Sistemas de Pensamentos"[21]. Sua aula inaugural, pronunciada no dia 2 de dezembro deste mesmo ano e intitulada *A ordem do discurso*, atrairá uma multidão cuja ambiência, para a crônica da época, parecia evocar "delegações enviadas por maio de 1968"[22]; e não seria demasiado enxergar, nas palavras de Foucault, o prenúncio de investigações futuras: "o discurso não é simplesmente aquilo que traduz as lutas ou os sistemas de dominação, mas aquilo por que, pelo que se luta, *o poder do qual nos queremos apoderar*"[23].

A partir de então, e inicialmente por meio da fundação, em 1971, do Grupo de Informações sobre as Prisões (que terá ainda como fundadores Jean-Marie Domenach e Pierre Vidal-Naquet), Foucault se envolverá em numerosas lutas políticas: lutas concernentes ao aparato judiciário, à medicina, à psiquiatria, à sexualidade... Em todas elas o filósofo procura novas formas de atuação política, rejeitando a militância tradicional a partir dos caminhos que sua experiência junto ao grupo (e seu consequente aporte teórico) pareciam lhe fornecer: assim como no caso dos encarcerados, não se tratava mais de acumular

---

21. Ibid., p. 226-227.

22. Ibid., p. 225.

23. FOUCAULT, M. *A ordem do discurso*. São Paulo: Loyola, 2004, p. 10 (*grifo nosso*) [Trad. de Laura Fraga de Almeida Sampaio].

conhecimentos *sobre* o poder – tomando-o como uma unidade autoevidente –, mas de fazer "crescer a nossa intolerância" às suas diversas manifestações, para "fazê-la uma intolerância ativa"[24].

Esta "intolerância ativa", em Foucault, tomará corpo teórico por meio de um esforço concernente à análise das formas de exercício do poder, esforço inicialmente consubstanciado – inclusive em suas indicações metodológicas – em uma obra publicada por ele em 1975, intitulada *Vigiar e punir: nascimento da prisão*, bem como nos cursos ministrados no Collège de France durante boa parte dos anos de 1970.

Em *Vigiar e punir* – obra amplamente influenciada pelo trabalho de Foucault ao redor das prisões –, a análise se debruça sobre o sistema penal francês para questionar a evidência da prisão como modalidade punitiva exclusiva: a prisão, como modalidade de punição, não é o resultado de uma "evolução" progressiva (e "progressista") das teorias jurídicas, a consequência de uma experiência penal que, no curso da história, mostrou-se bem-sucedida, mas sim o resultado do desenvolvimento de "técnicas disciplinares" elaboradas em meados do século XVIII, isto é, no momento em que o exercício monárquico do poder torna-se demasiado custoso e pouco eficaz. A "disciplina", por sua vez, designa uma forma de exercício de

---

24. "Tornemo-nos intolerantes a propósito das prisões, da justiça, do sistema hospitalar, da prática psiquiátrica, do serviço militar etc." Cf. FOUCAULT, M. "Sur les prisons". *Dits et écrits I, 1954-1975*. Op. cit., p. 1.044.

poder cujo objeto são os corpos, na eficácia produtiva de seus movimentos e de sua distribuição espacial, na sua normatização e singularização em vista da maximização de sua "utilidade-docilidade"[25].

É o momento em que as pesquisas foucaultianas sofrerão uma inflexão rumo ao que o próprio autor designará como sendo uma "genealogia": trata-se "de uma insurreição, inicialmente e acima de tudo, contra os efeitos centralizadores de poder que estão ligados à instituição e ao funcionamento de um discurso científico organizado no interior de uma sociedade como a nossa"[26]. Destarte, para o enfoque genealógico "não há relação de poder sem constituição correlativa de um campo de saber, nem saber que não suponha e não constitua ao mesmo tempo relações de poder"[27]. Neste sentido, a genealogia não constitui um domínio distinto da arqueologia, mas sim uma perspectiva diversa ao redor de uma mesma problemática, àquela dos discursos investidos em instituições e práticas extradiscursivas que informam determinadas formas do exercício do po-

---

25. "Esses métodos que permitem o controle minucioso das operações do corpo, que realizam a sujeição constante de suas forças e lhes impõem uma relação de docilidade-utilidade, são o que podemos chamar as 'disciplinas'". Cf. FOUCAULT, M. *Vigiar e punir* – Nascimento da prisão. Petrópolis: Vozes, 1987, p. 164 [Trad. de Lígia M. Ponde Vassalo].

26. FOUCAULT, M. *Em defesa da sociedade* – Curso no Collège de France (1975-1976). São Paulo: Martins Fontes, 2000, p. 14 [Trad. de Maria Ermantina Galvão].

27. FOUCAULT, M. *Vigiar e punir*. Op. cit., p. 31.

der. E o termo do qual Foucault se valerá para caracterizar suas pesquisas – trata-se de uma *genealogia* – marca bem a influência decisiva de Friedrich Nietzsche em sua formação, uma influência que remonta às primeiras obras foucaultianas, e que deságua em um procedimento que busca na emergência das "identidades" e das "essências" "não a potência antecipadora de um sentido, mas o jogo casual das dominações"[28].

Uma outra obra viria a marcar essa "etapa genealógica" do pensamento foucaultiano: *A vontade de saber* (1976), primeiro volume de uma *História da sexualidade* projetada por Foucault (e posteriormente modificada, tanto em seu traçado metodológico quanto em sua periodização histórica). Em linhas gerais, a proposta fundamental de *A vontade do saber* é a de reverter a tese segundo a qual a sexualidade teria sido objeto de uma repressão e uma censura ferozes (tese que o autor nomeará de "hipótese repressiva"). Ao contrário, diz-nos Foucault, a história da sexualidade nas sociedades modernas ocidentais, a partir dos séculos XVII-XVIII, é aquela de uma incitação constante e crescente à verbalização do desejo e, em consequência, à produção da sexualidade como causalidade difusa de nossas vidas e sistema de saber: "Uma certa inclinação nos

---

28. FOUCAULT, M. "Nietzsche, a genealogia e a história". In: MACHADO, R. (org.). *Microfísica do poder*. Rio de Janeiro: Graal, 2002, p. 23 [Organização, introdução e revisão técnica de Roberto Machado].

conduziu, em alguns séculos, a colocar para o sexo a questão do que somos nós"[29].

Mas é também a partir da publicação de *A vontade de saber* – mais precisamente, a partir de fins dos anos de 1970 – que Michel Foucault produzirá um terceiro deslocamento em sua trajetória: o filósofo continua movendo-se na ambiência das questões suscitadas pela analítica do poder desenvolvida em sua genealogia; no entanto, o acento agora recairá sobre o papel das resistências ao poder, em todos os seus matizes, seus antecedentes históricos e na trama complexa de suas relações na atualidade. Concorrem para essa reorientação de suas investigações os novos recortes temáticos e metodológicos desenvolvidos nos cursos ministrados por Foucault no Collège de France[30]. Doravante – e ao lado das questões concernentes aos mecanismos de governo e de controle das *populações*, isto é, ao "biopoder" (as relações de poder apreendidas em sua função de gerir e controlar a vida[31]) –, abre-se todo um flanco de problematizações ao redor da maneira como os próprios indivíduos se constituem e, ao fazê-lo, respondem a essa mecânica do poder (afinal, como

---

29. FOUCAULT, M. "La volonté de savoir". *Histoire de la Sexualité*. V. 1. Paris: Gallimard, 1976, p. 102 [Bibliothèque des Histoires].

30. Notadamente os cursos pronunciados no início da década de 1980: *Do governo dos vivos* (1980), *Subjetividade e verdade* (1981-1982) e *A hermenêutica do sujeito* (1981-1982).

31. Cf. sobretudo FOUCAULT, M. *Nascimento da biopolítica* – Curso no Collège de France (1978-1979). São Paulo: Martins Fontes, 2004 [Trad. de Eduardo Brandão].

dirá Gilles Deleuze, o poder não pode tomar por objeto a *vida* a não ser suscitando uma vida que resiste ao poder)[32].

É esse viés que nos conduzirá à problemática desenvolvida por Foucault em seus últimos trabalhos, concernente ao tema do "cuidado de si" na Antiguidade greco-romana[33]; é ele que o leva a modificar sensivelmente o projeto inicial de sua *História da sexualidade*, alargando a periodização habitual de suas obras para trazer à baila toda uma dimensão da "relação consigo" na qual parece desenhar-se uma perspectiva diversa daquela – própria à genealogia em sentido restrito – do "sujeito" concebido segundo um *produto objetivo* dos sistemas de saber e de poder. Do alto da experiência greco-ro-

---

32. DELEUZE, G. *Foucault*. Paris: De Minuit, 1986, p. 101 [Collection Critique].

33. Com a expressão "cuidado de si" (em francês: "souci de soi"), Foucault traduz o termo grego *epiméleia heautou*, um termo que se refere a um conjunto de "práticas espirituais" (tais como os ritos de purificação, as técnicas de concentração da alma ou de retiro, os exercícios de resistência) destinadas, segundo uma tradição que remonta à Antiguidade greco-romana, a produzir, no indivíduo, o "*governo de si*" por "*si mesmo*". Trata-se, portanto, de um "ocupar-se consigo" mesmo, de um "cuidar-se de *si*" visando à constituição – e expressão – da liberdade individual e cívica no âmbito de uma ética. Ao leitor que queira ser introduzido nesta temática, cf. MUCHAIL, S.T. "Sobre o cuidado de si – Surgimento e marginalização filosófica". In: PEREZ, D.O. (org.). *Filósofos e terapeutas*: em torno da questão da cura. São Paulo: Escuta, 2007, p. 21-32. Ou ainda, para localizar o tema de modo abrangente em Foucault, cf. *A hermenêutica do sujeito* – Curso no Collège de France (1981-1982). São Paulo: Martins Fontes, 2004 [Trad. de Márcio Alves da Fonseca e Salma Tannus Muchail].

mana, a *relação de si* ao corpo e ao prazer parece subtrair-se ao modelo cristão de um "deciframento do desejo"; logo, parece constituir-se em alternativa a "nossa incapacidade em fazer de nós mesmos outra coisa que não sujeitos de conhecimento"[34]. Trata-se, para a cultura do paganismo, não do interdito, da lei, da confissão como forma de decifrar os desejos, mas, antes, da formação de *si* através de um conjunto de práticas contempladas primordialmente em sua aplicação aos atos concernentes aos regimes de comportamentos e prazeres sexuais da Antiguidade (o regime dos *aphrodisía*)[35].

Com efeito, os dois volumes finais de *História da sexualidade* – publicados simultaneamente em 1984, e intitulados *O uso dos prazeres* e o *Cuidado de si* –, constituem todo um trabalho de reflexão de Foucault acerca das formas de problematização moral e das práticas do "cuidado" e do "trabalho" de *si sobre si* na cultura greco-romana, marcando o que viria a ser considerado como um terceiro momento de sua trajetória. Um momento implicado em questões éticas fundamentais de resistência e *produção de si* no âmbito da transgressão manifesta do empreendimento ocidental de objetivação do indivíduo como domínio oferecido e disposto à inspeção

---

34. GROS, F. "Introduction". In: GROS, F. & LÉVY, C. (org.). *Foucault et la philosophie antique*. Paris: Kimé, 2003, p. 10.

35. Cf. FOUCAULT, M. "L'usage des plaisirs". *Histoire de la sexualité*. Vol. 2. Paris: Gallimard, 1984, p. 277 [Bibliothèque des Histoires].

dos saberes e, em consequência, às divisões normativas. A essa terceira etapa das investigações foucaultianas comumente se dá o nome de *genealogia ética*: não se trata tanto de uma "genealogia dos sistemas" – como era o caso das investigações sobre o poder na década de 1970 –, mas da constituição de um *sujeito ético* a partir de uma determinada relação *consigo*.

Feitas todas as contas, se é correto afirmar (esquematicamente) que o pensamento foucaultiano pode ser dividido em três eixos intimamente articulados – o eixo do *saber* ("arqueologia"), o eixo do *poder* ("genealogia") e o eixo do *sujeito* ("genealogia ética") –, talvez se possa reunir os três momentos da trajetória foucaultiana remetendo-os à tarefa de constituição de uma "história das relações que o pensamento mantém com a verdade"[36] (compreendendo-se por "pensamento" o ato que articula, nas suas diversas relações possíveis, um sujeito e um objeto[37]). "Uma história que não seria aquela do que pode haver de verdadeiro nos conhecimentos; mas uma análise dos 'jogos de verdade', dos jogos do 'verdadeiro' e do 'falso' através dos quais o ser se constitui historicamente como experiência, isto é,

---

36. EWALD, F. "O cuidado com a verdade". In: ESCOBAR, C.H. (org.). *Michel Foucault (1926-1984)*: o dossier, últimas entrevistas. Rio de Janeiro: Taurus, 1984, p. 76 [Trad. de Ana Maria de A. Lima e Maria da Glória R. da Silva (O retorno da moral).

37. FOUCAULT, M. "Foucault". *Dits et écrits II, 1976-1988*. Op. cit., p. 1.451.

como podendo e devendo ser pensado. Através de quais jogos de verdade o homem se dá seu ser próprio a pensar quando se percebe como louco [*História da loucura*], quando se olha como doente [*O nascimento da clínica*], quando reflete sobre si como ser vivo, ser falante e ser trabalhador [*As palavras e as coisas*], quando se julga e se pune como criminoso [*Vigiar e punir*]? Através de quais jogos de verdade o homem se reconheceu como homem de desejo [*História da sexualidade*]?"[38]

***

Em 25 de junho de 1984, em consequência de complicações decorrentes da Aids, Michel Foucault viria a falecer no Hospital de Salpêtrière, em Paris, instituição da qual se ocupara longamente, descrevendo-lhe a evolução institucional, em *História da loucura*. O filósofo deixaria inacabado o último volume de sua *História da sexualidade*, *As confissões da carne*. Após uma breve e reservada ceriemônia em Salpêtrière, o então professor do Collège de France será enterrado no cemitério de Vendreuvre-du-Poitou, ao lado de seus familiares.

---

38. FOUCAULT, M. *L'usage des plaisirs*. Op. cit., p. 12-13.

Segunda lição

Da "epistemologia" francesa e sua influência sobre Michel Foucault

A despeito de uma gama de posições possíveis de serem adotadas a fim de demarcar – pelo contraste e pelo jogo de influências – as linhas de força da arqueologia foucaultiana, façamos a opção por uma que já deu provas de sua fecundidade em outros lugares: a influência da corrente epistemológica francesa sobre a obra de Michel Foucault[39].

A chamada "epistemologia francesa" – comumente associada aos nomes de Gaston Bachelard, Georges Canguilhem e Georges Dumézil, entre outros –, indica um conjunto de investigações cujo desenvolvimento seria de importância capital para a reestruração do domínio da análise histórica das ciências. Como já fizemos notar em nossa *Primeira lição*, é por meio do contato com a escola epistemo-

---

39. Temos em vista, como exemplo paradigmático da fecundidade desta perspectiva, o já clássico livro de Roberto Machado: *Foucault, a ciência e o saber*. Rio de Janeiro: Zahar, 2006.

lógica de extração francesa que Michel Foucault pretende contornar as influências da fenomenologia. Neste sentido, aos olhos do jovem Foucault a "história das ciências" parecia ocupar uma posição estratégica frente ao legado fenomenológico – ainda tributário do projeto ocidental de um desenvolvimento universal da razão –, porquanto a questão primordial posta pela epistemologia seria a de saber *"em que medida esta história* [das ciências] *podia contestar ou manifestar seu fundamento absoluto em racionalidade"*[40].

Com efeito, a epistemologia francesa pretende avaliar a ciência do ponto de vista de sua cientificidade e, para tal, elege como seu instrumento privilegiado a análise histórica. Mas, ao tematizar as ciências em sua historicidade, a escola epistemológica acaba por romper com a própria noção de uma história cumulativa, continuísta, de sorte que não se trata mais de compreender o trabalho científico nem como a descoberta progressiva de uma realidade já inscrita nas coisas e nem tampouco como a "automanifestação do espírito humano através da pesquisa científica"[41]. Assim, uma epistemologia como a de Bachelard, por exemplo, não procura, no curso

---

40. FOUCAULT, M. "Entretien avec Michel Foucault". *Dits et écrits II, 1976-1988.* Op. cit., p. 872 (*grifo nosso*).

41. MONDRIN, B. *Introdução à filosofia*: problemas, sistemas, autores, obras. São Paulo: Paulus, 1980, p. 30 [Trad. de J. Renard; revisão técnica de Danillo Moraes; revisão literária de Luis Antônio Miranda].

da história, estabelecer os "começos silenciosos" de uma ciência, ou mesmo a linhagem de seus precursores, mas sim a "aparição de um novo tipo de racionalidade e de seus efeitos múltiplos"[42]. Donde a noção de "corte epistemológico" (*coupure epistemologique*), noção cara à epistemologia em geral e, em particular, à reflexão bachelardiana: o desenvolvimento do conhecimento científico é descontínuo, acontece por oposição aos sistemas anteriores, em uma evolução cujo itinerário é "atravessado de acidentes, retardado ou desviado por obstáculos, interrompido por crises, quer dizer, por momentos de julgamento e de verdade"[43]. Destarte, a cada passo na progressão de uma disciplina científica, as fronteiras entre científico e não científico são renegociadas, deslocadas, refeitas, como bem ilustra a trajetória da física, considerada a partir dos anos 30 do século XX por Bachelard: "O físico foi obrigado, três ou quatro vezes nos últimos vinte anos, a reconstruir sua razão e, intelectualmente falando, a refazer uma vida"[44].

Nesta medida, a história das ciências praticada pela epistemologia francesa não é uma história com-

---

42. FOUCAULT, M. *L'archéologie du savoir*. Paris: Gallimard, 1969, p. 11 [Bibliothèque des Sciences Humaines].

43. CANGUILHEM, G. "L'objet de l'histoire des sciences". *Études d'histoire et de philosophie des sciences*. Paris: Vrin, 1994, p. 17-18.

44. BACHELARD, G. *Le nouvel esprit scientifique*. Paris: Félix Alcan, 1937, p. 175.

preendida como a crônica descritiva dos acontecimentos, uma história, enfim, de tipo factual. Ao contrário, é sobretudo na crítica à história tradicionalmente praticada por historiadores e cientistas que a história das ciências será considerada por Bachelard e Canguilhem: estar atento à historicidade das ciências significa abordá-las do ângulo de uma "história das filiações conceituais" na medida mesmo em que uma filiação desse tipo "possui um estatuto de descontinuidade", o que significa que ela não se reduz a uma coleção de biografias e nem tampouco a um quadro de doutrinas[45].

Nas palavras de Roberto Machado, tratando especificamente da obra de Georges Canguilhem, o que caracteriza a epistemologia francesa é justamente o privilégio atribuído à descontinuidade como chave de leitura histórica da formação de conceitos no âmbito dos desenvolvimentos de uma dada ciência: "Se há uma especificidade da história epistemológica de Canguilhem, é o fato de ter situado a análise da descontinuidade no nível do conceito, segundo ele o mais fundamental entre os elementos do discurso científico. [...] Como se põe a questão da descontinuidade para uma história epistemológica que se define como história das filiações conceituais? A ideia de Canguilhem é a de que um conceito se constitui em determinado momento da história, sua formulação é datada e traz o nome de quem

---

45. CANGUILHEM, G. "L'histoire des sciences dans l'oeuvre épistémologique de Gaston Bachelard". Op. cit., p. 184.

a produziu. Um conceito, porém, não se forma de uma vez por todas. A história das ciências deve ser a 'história da formação, da deformação e da retificação de conceitos científicos'. Sua trajetória apresenta diferentes etapas"[46]. Nesta trajetória, portanto, não se trata tanto de demarcar o momento em que determinado conceito se torna parte de uma teoria científica, mas sim de estabelecer as filiações descontínuas que – sendo anteriores às experiências ou experimentações que ele permitirá – constituem sua história.

E deve-se notar, aqui, que é sobretudo a Canguilhem que Foucault deve suas pretensões à realização de uma investigação histórica destinada a "recapturar o nascimento, o desenvolvimento, a organização de uma ciência não tanto a partir de suas estruturas racionais internas, mas a partir dos elementos exteriores que, justamente, puderam lhe servir de suporte"[47]. Ora, Canguilhem retoma as principais categorias metodológicas da epistemologia de Bachelard – que dedicava-se à reflexão das assim chamadas "ciências duras", a química e a física – e as reorienta em direção às "ciências da vida": a biologia, a anatomia e a fisiologia. No entanto, ao referir-se à maneira como as ciências da vida, na particularidade de seu acontecimento, implicam o "homem enquanto ser vivo" no interior da "consti-

---

46. MACHADO. *Foucault, a ciência e o saber*. Op. cit., p. 33-34.
47. FOUCAULT, M. "La scène de la philosophie". *Dits et écrits II, 1976-1988*. Op. cit., p. 583.

tuição de um saber"[48], Canguilhem torna a reflexão epistemológica inseparável da referência a um processo geral que, nas palavras de Foucault, poder-se-ia caracterizar como uma "normalização social". Com Canguilhem, portanto, aprende-se que a "norma não se define de modo algum como uma lei natural, mas pelo papel de exigência e coerção do qual ela é capaz", de modo que não se trata de tomá-la como um "princípio de inteligibilidade", mas como um "elemento a partir do qual um certo exercício de poder se encontra fundado e legitimado"[49].

Em suma: para a epistemologia francesa – sobretudo a canguilheana – a ciência é um sistema de produção de conhecimentos e, neste sentido, ela é o lugar próprio da verdade; entretanto, por conta de sua historicidade, não se pode compreendê-la a partir da determinação de uma lógica geral de cientificidade, mas apenas como produção regional de *normatividade*. E são estes, com efeito, os dois traços fundamentais da influência da epistemologia francesa sobre a arqueologia desenvolvida por Foucault: 1) para a análise arqueológica, assim como para a epistemologia francesa, não se trata jamais de considerar a história de uma "ciência" como um desen-

---

48. FOUCAULT, M. "Entretien avec Michel Foucault". Op. cit., p. 875.

49. FOUCAULT, M. *Les anormaux* – Cours au Collège de France (1974-1975). Paris: Seuil/Gallimard, 1999, p. 45-46 [Collection "Hautes Études". Édition établie sous la direction de François Ewald et Alessandro Fontana, par Valerio Marchetti et Antonella Salomoni].

volvimento linear e contínuo; 2) para dar conta da história da formação de uma determinada "ciência", é preciso articulá-lo com as práticas e as instâncias sociais que lhe fornecem subsídios: as formas da política e de instituições, tais como o hospital, a prisão, a família, a Igreja, a justiça etc.

O que Foucault retém da escola epistemológica francesa, e isso será fundamental para suas investigações, é o duplo impulso que a caracteriza: de uma parte, um rompimento com a concepção cumulativa do progresso científico; de outra, o estabelecimento de uma correlação entre a enunciação do discurso científico e o espaço institucional que lhe dá sustentação[50].

---

50. DOSSE, F. *História do estruturalismo* – Vol. I: O campo do signo, 1945-1966. São Paulo/Campinas: Ensaio/Unicamp, 1993, p. 112 [Trad. de Álvaro Cabral].

Terceira lição

Da "arqueologia" desenvolvida por Michel Foucault

Ainda que a arqueologia foucaultiana guarde influências da epistemologia francesa, é preciso deixar claro as diferenças entre o método proposto por Foucault e a epistemologia propriamene dita. De fato, arqueologia *não é* uma epistemologia; e ela não o é por (pelo menos) dois motivos principais: 1) a arqueologia não confere nenhum privilégio à distinção (eminentemente epistemológica) entre "ciência" e "pré-ciência" – seu ponto de investigação não é a ciência, e sim o *saber* (como já assinalamos anteriormente); 2) por consequência, tampouco se trata de encontrar, na análise do conhecimento, seu progresso em direção à conquista da *objetividade* (ainda que se considere, como Bachelard, que a própria objetividade deve ser compreendida como uma "tarefa pedagógica difícil, e não mais como um dado primitivo"[51]). Neste sentido, é preciso sublinhar que Foucault converte a "história das ciências"

---

51. BACHELARD. *Le nouvel esprit scientifique*. Op. cit., p. 11.

em uma "*história da racionalidade*": "a arqueologia tem por objetivo descrever conceitualmente a formação dos saberes, sejam eles científicos ou não, para estabelecer suas condições de existência, e não de validade, considerando a verdade como uma produção histórica cuja análise remete a suas regras de aparecimento, organização e tansformação no nível do saber"[52]. Assim sendo, a arqueologia, em sua tarefa e configuração fundamentais, poderia ser delimitada a partir do problema da *racionalidade*: se uma epistemologia como a de Bachelard pretende estar à altura das ciências – postulando, inclusive, que a ciência deve ordenar a filosofia –, a arqueologia, por sua vez, ao reivindicar sua independência em relação à questão da cientificidade, pretende constituir-se como uma crítica à própria ideia de uma racionalidade global e unitária, o que significa, com efeito, uma crítica ao próprio *sujeito racional*. Para se proceder a uma apreensão arqueológica do *saber* – isto é, deste "nível particular" do discurso que se encontra "entre a opinião e o conhecimento científico"[53] –, a primeira "regra do método" consiste precisamente em "contornar, tanto quanto possível, para interrogá-los em sua constituição histórica, todos os universais antropológicos (e, bem-entendido, também aqueles do humanismo, que fariam valer os direitos, os privilégios e a natureza de um

---

52. MACHADO. *Foucault, a ciência e o saber*. Op. cit., p. 166.

53. FOUCAULT, M. "Titres et Travaux – Annexe 3". Op. cit., p. 363.

ser humano como verdade imediata e intemporal do sujeito)"[54].

Portanto, na esfera discursiva a arqueologia busca as condições de enunciação do discurso – e de sua eleição como "discurso verdadeiro" – e não a conquista de uma suposta objetividade do conhecimento ou a "manifestação, majestosa, de um sujeito que pensa, que conhece e que diz"[55]. Trata-se, com efeito, de determinar aquilo que Foucault chamará de "positividade" de um saber: quer dizer, o regime discursivo ao qual pertencem as condições (discursivas e extradiscursivas) de exercício de uma função enunciativa. São estas "condições de enunciação" do *efetivamente dito* e *regrado* em uma dada configuração discursiva que a arqueologia procura descrever: "Assim, a positividade desempenha o papel do que se poderia chamar um *a priori* histórico. Justapostas, essas duas palavras provocam um efeito um pouco gritante; entendo designar, aqui, um *a priori* que seria não a condição de validade para juízos, mas a condição de realidade para os enunciados. Não se trata de reencontrar o que poderia tornar legítima uma asserção, mas isolar as condições de emergência dos enunciados, a lei de sua coexistência com outros, a forma específica de seu modo de ser, os princípios segundo os quais eles subsistem, transformam-se e desaparecem"[56].

---

54. FOUCAULT, M. "Foucault". Op. cit., p. 1.453.

55. FOUCAULT, M. *L'archéologie du savoir*. Op. cit., p. 74.

56. Ibid., p. 167.

Destarte, a arqueologia suspende a questão sobre os critérios de validade dos discursos para, desta feita, expô-los a partir de um conjunto de regras excludentes que lhes confere "um valor e uma aplicação práticas enquanto discurso científico"[57]. Assim sendo, suas análises se dirigem não à validade das proposições, mas às condições de enunciação e de regras de formação dos discursos naquilo que concerne à constituição de seus *objetos*, à formação de seus *conceitos* e às posições que o *sujeito* é chamado a ocupar nesta "ordem dicursiva". Com efeito, cada formação discursiva é determinada por um conjunto de práticas discursivas que tornam possíveis o aparecimento de um certo número de *objetos*, uma certa trama de *conceitos* e certos lugares constringentes para os *sujeitos* titulares do discurso; e esse conjunto de relações varia historicamente, dando forma a novos arranjos discursivos cuja tendência é a cristalização de determinados recortes temáticos ou teóricos. Como consequência, é preciso considerar que a suposta unidade dos discursos não se funda na experiência de seu objeto, ou na constituição de um horizonte de objetividade, mas em um "jogo de regras" discursivas que estão em comércio permanente com práticas extradiscursivas.

Daqui a trajetória das três análises arqueológicas produzidas por Michel Foucault durante os anos de 1960: 1) em sua *História da loucura*, tratava-se

---

57. FOUCAULT, M. "Préface à l'édition anglaise". *Dits et écrits I, 1954-1975*. Op. cit., p. 880.

de mostrar que não é na esfera de uma "teoria da loucura" (seja ela médica, jurídica ou mesmo psiquiátrica) que podemos encontrar o elemento fundamental das relações históricas entre a razão e a loucura, mas sim nos critérios sociais e discursivos que possibilitam uma forma de relação com a loucura mediada pela exclusão institucional; 2) em *O nascimento da clínica*, desfazendo-se igualmente dos critérios epistemológicos de cientificidade, tratava-se de promover a descrição do discurso médico para remetê-lo às "ações não verbais a partir das quais ele pode falar" (neste caso, a "estrutura comum que recorta e articula o que se *vê* e o que se *diz*"[58]); 3) em *As palavras e as coisas*, por sua vez, procurando debruçar-se sobre o nascimento das ciências humanas a partir da oposição entre os saberes analíticos da Época Clássica (história natural, análise das riquezas e gramática geral) e as ciências empíricas da Modernidade (biologia, economia e filologia), tratava-se de fazer ver a maneira como, nas palavras de Rouanet, a "episteme moderna introduz nas coisas uma dimensão de interioridade, e o homem aparece sobre o fundo de sua própria finitude"[59].

---

58. FOUCAULT, M. *O nascimento da clínica*. Op. cit., p. xvi.

59. ROUANET, S.P. "A gramática do homicídio". *O homem e o discurso* (A arqueologia de Michel Foucault). Op. cit., p. 103.

Quarta lição

"Razão" e "loucura" em *História da loucura*

"Toda história dos inícios da psiquiatria moderna se revela falseada por uma ilusão retroativa segundo a qual a loucura já estava *dada* – ainda que de maneira imperceptível – na natureza humana. A verdade, segundo M. Foucault, é que a loucura precisou ser, inicialmente, *constituída* como uma forma da desrazão, mantida à distância pela razão, condição necessária para que ela enfim pudesse se colocar ao olhar como um objeto de estudo"[60]. Estas são as linhas escritas por Georges Canguilhem em um relatório destinado à apresentação da tese doutoral de Foucault, datado de abril de 1960. Nelas, encontramos o fundamental da tese desenvolvida por Foucault: tratava-se de um esforço devotado a recuperar, nos interstícios de uma linguagem há muito silenciada – uma linguagem em fragmentos –, a "cisão originária" que estabeleceu a distância en-

---

60. CANGUILHEM, G. apud ERIBON. *Michel Foucault*. Op. cit., p. 359.

tre razão e loucura no curso de nossa história, consubstanciada nos esforços da primeira para arrancar da segunda *sua* verdade. Nas palavras de Foucault, em prefácio escrito para a primeira edição de *História da loucura*, "a constituição da loucura como doença mental, no fim do século XVIII, delineia a constatação de um diálogo rompido [entre loucura e não loucura, entre razão e não razão] [...]. A linguagem da psiquiatria, que é monólogo da razão *sobre* a loucura, só pôde estabelecer-se sobre um tal silêncio. Não quis fazer a história desta linguagem; mas antes a arqueologia deste silêncio"[61].

Com efeito, o itinerário seguido por Foucault para encontrar o ponto de inflexão em que é traçada a fronteira entre razão e loucura – ou razão e desrazão – é composto por três momentos: 1) o momento da *indiferenciação*; 2) o momento da *segregação*; 3) o momento da *instituição asilar*[62]. Com destaque para a chamada *Idade Clássica* (séculos XVII e XVIII)[63], cada um destes momentos representam a progressiva dominação e integração da loucura à ordem da razão. Vamos a eles.

---

61. FOUCAULT, M. "Préface". *Dits et écrits I, 1954-1975*. Op. cit., p. 188.

62. Seguimos, aqui, a divisão proposta por Sérgio Paulo Rouanet em seu belo artigo "A gramática do homicídio". Cf. ROUANET. Op. cit., p. 93.

63. Não nos esqueçamos que o título original de *História da loucura* era *"Folie et déraison* – Histoire de la folie à l'age classique" (Loucura e desrazão – História da loucura na Idade Clássica).

1) O momento da indiferenciação: do comércio entre razão e loucura. "A loucura é um momento difícil, porém essencial, na obra da razão; através dela, e mesmo em suas aparentes vitórias, a razão se manifesta e triunfa. A loucura é, para a razão, sua força viva e secreta"[64]. Estas são as palavras de Foucault para caracterizar, em *História da loucura*, o momento que corresponde à experiência renascentista da loucura (séculos XV e XVI); nela, a loucura é um saber, uma das "próprias formas da razão"[65]. Um saber fechado, esotérico, mas que prediz e manifesta a realidade de um outro mundo, e nos entrega o homem essencial, que em sua natureza íntima é furor e paixão. Nesta medida, "loucura e razão entram numa relação eternamente reversível que faz com que toda loucura tenha sua razão que a julga e controla, e toda razão sua loucura na qual ela encontra sua verdade irrisória"[66].

Destarte, este é momento em que ainda não está dada a diferenciação clara – nem tampouco a cisão definitiva – entre razão e loucura: não há ainda a prisão ou o hospital para o louco (espaços institucionais de seu confinamento); ao contrário, o louco é figura errante, expulso das cidades e entregue a comerciantes, peregrinos, navegantes. Neste sentido, dentre as imagens da experiência renascentista

---

64. FOUCAULT, M. *História da loucura na Idade Clássica*. Op. cit., p. 35.

65. Ibid., p. 33.

66. Ibid., p. 30.

da loucura, uma interessa particularmente a Foucault – por seu valor simbólico, ela representa bem este momento de indiferenciação. Trata-se da *Narrenschiff*, a *Nau dos loucos*, "embarcações que levavam sua carga insana de uma cidade para outra"[67], e que, com efeito, representam bem a situação *limiar* do louco para a época renascentista.

No entanto, já aqui uma certa ambiguidade se faz sentir, de sorte que a simbologia renascentista à propósito da loucura parece abrir caminho para duas vertentes justapostas. De uma parte, nas telas de Bosch, Brueghel ou Dürer, toda uma *consciência trágica* da experiência da loucura, um lado de fascínio, inundado por figuras de um saber cósmico, nas quais as "vãs imagens da parvoíce cega são o grande saber do mundo"[68]. De outra parte, contudo, como em Erasmo de Roterdã em seu *Elogio da loucura*, uma loucura já aprisionada no universo do discurso, caracterizando uma *consciência crítica*, de ironia e sátira moral, na qual o desatino será observado "a uma distância suficiente para estar fora de perigo"[69].

Doravante, como veremos, a distância entre a *consciência trágica* e a *consciência crítica* da loucura – duas formas da experiência renascentista do desatino que ainda se entrecruzam no Renascimento – não mais deixará de aumentar, "abrindo, na uni-

---

67. Ibid., p. 9.
68. Ibid., p. 22.
69. Ibid., p. 25.

dade profunda da loucura, um vazio [ou uma cisão] que não mais será preenchido"[70]. Destarte, na passagem do Renascimento para a Idade Clássica e desta para a Idade Moderna, assistiremos ao progressivo privilégio da *consciência crítica* ("aquela que fazia da loucura uma experiência no campo da linguagem, uma experiência onde o homem era confrontado com sua verdade moral"[71]) sobre a *consciência trágica*[72].

2) O momento da segregação: a separação entre razão e desrazão. "Mas em menos de meio século ela [a loucura] se viu reclusa e, na fortaleza do internamento, ligada à Razão, às regras da moral e a suas noites monótonas"[73]. Eis o segundo momento das análises de Foucault em sua *História da loucura:* se antes, como ameaça ou ensinamento, a loucura estava instalada na vida quotidiana, com o século XVII veremos sua rejeição e banimento. A chamada Idade Clássica reduzirá as vozes da loucura – já parcialmente dominadas no Renascimento – a um silêncio cuja contrapartida institucional será o internamento.

Nesta medida, e sobretudo tendo-se em vista o segundo capítulo da primeira parte da tese doutoral de Foucault – intitulada, precisamente, *A grande in-*

---

70. Ibid., p. 27.

71. Ibid., p. 28.

72. Ibid., p. 28-29.

73. Ibid., p. 78.

ternação –, dois temas fundamentais estarão em foco: de uma parte, o "golpe de força" realizado por René Descartes, filósofo moderno que, no caminho do exercício da dúvida metódica, localiza a loucura ao lado do sonho e de todas as formas de erro, mas a considera em um registro especial, tomando-a como a "condição de *impossibilidade* do pensamento"[74]; de outra, a formação do espaço de internação como contraface institucional de um racionalismo que, por meio do procedimento cartesiano, *exclui* a loucura do âmbito da razão. Portanto, se a "Não Razão do século XVI constituía uma espécie de ameaça aberta", no século XVII o "percurso da dúvida cartesiana parece testemunhar que [...] esse perigo está conjurado e que a loucura foi colocada fora do domínio no qual o sujeito detém seus direitos à verdade [...]. Se o *homem* pode sempre ser louco, o *pensamento*, como exercício de soberania de um sujeito que se atribui o dever de perceber o verdadeiro, não pode ser insensato. Traça-se uma linha divisória que logo tornará impossível a experiência, tão familiar à Renascença, de uma Razão irrazoável, de um razoável desatino"[75].

Ao lado do gesto cartesiano, importa a Foucault ressaltar a experiência social da loucura no horizonte da Idade Clássica: com efeito, a formação do espaço do internamento é devedora do momento his-

---

74. Ibid., p. 45-46.
75. Ibid., p. 47.

tórico em que uma nova sensibilidade social – "não mais religiosa, porém moral"[76] – torna cativa uma loucura agora percebida no "horizonte da pobreza, da incapacidade para o trabalho, da impossibilidade de integrar-se ao grupo"[77]. Donde o surgimento, por toda a Europa, do fenômeno que Foucault chamará de "Grande Enclausuramento", isto é, o surgimento de uma miríade de casas de internamento destinadas a recolher toda sorte de sujeitos desajustados, com destaque para a criação, no século XVII, dos Hospitais Gerais, marco institucional da cisão entre razão e loucura na Idade Clássica[78]. Nesta medida, tudo o que escapa aos limites da normalidade clássica (pobres, vagabundos, correcionários, desempregados, devassos, enfermos, libertinos) deve ser banido para esta "terra do internamento"[79]. E se a loucura pôde, neste momento, ser assimilada às outras formas de comportamento desviante, é porque ainda aqui não se tratava de apreendê-la como "enfermidade", mas como perversão das leis da razão – uma perversão tão mais escandalosa quanto mais se considere o fundo de moralidade social de sua condenação.

Neste sentido, a loucura só se distingue da razão em sentido *negativo*, quer dizer, como ausência e transgressão dos limites bem demarcados da ra-

---

76. Ibid., p. 63.

77. Ibid., p. 78.

78. "Uma data pode servir de referência: 1656, decreto da fundação, em Paris, do Hospital Geral." Cf. ibid., p. 49.

79. Ibid., p. 63.

cionalidade: é como *desrazão* que a loucura se deixa averiguar pela sensibilidade clássica; e os registros das práticas, dos rituais, das formas institucionais da cisão entre razão e desrazão serão requisitados por Foucault como testemunhos de sua justaposição às formas do saber que preparam o advento da Idade Moderna. Assim, a experiência realmente relevante da loucura na Idade Clássica teria sido o de seu internamento não como procedimento médico, mas como prática social: "o louco não é reconhecido como tal pelo fato de a doença tê-lo afastado para as margens do normal, mas sim porque *nossa cultura* situou-o no ponto de encontro entre o decreto social do internamento e o conhecimento jurídico que discerne a capacidade dos sujeitos de direito"[80].

3) O momento da instituição asilar: da loucura como objeto para o saber médico. "A psicopatologia do século XIX (e talvez ainda a nossa) acredita situar-se e tomar suas medidas com referência num *homo natura* ou num homem normal considerado como dado anterior a toda experiência da doença. Na verdade, esse homem normal é uma criação"[81]. Em certa medida, temos aqui a tese principal de *História da loucura*, e também sua polêmica central: como vimos no início desta lição, para que a loucura pudesse colocar-se "ao olhar como um objeto de estudo", ela inicialmente precisou ser

---

80. Ibid., p. 133.
81. Ibid., p. 132.

constituída como desrazão, isto é, mantida à distância e enclausurada pela razão. Nas palavras de Foucault, portanto, é a "redução da experiência clássica do desatino a uma percepção estritamente moral da loucura" que "servirá secretamente de núcleo a todas as concepções que o século XIX fará prevalecer, a seguir, como científicas, positivas e experimentais"[82]. E é neste ponto que o terceiro momento de *História da loucura* se anuncia: entre fins do século XVIII e início do XIX o aparecimento do asilo representa, justamente, este confisco quase definitivo da loucura pela razão[83]; sua forma institucional se dará através da reestruturação da experiência clássica a partir da transformação do "internamento em ato terapêutico"[84].

Desde então, a loucura se individualizará, adquirirá traços próprios, quer dizer, sua forma propriamente *positiva*[85] de "doença mental", passando a ocupar, de maneira exclusiva, o espaço de reclusão

---

82. Ibid., p. 337.

83. "Talvez o fato de a loucura pertencer à patologia deva ser considerado antes um confisco [...]". Cf. ibid., p. 159.

84. Ibid., p. 134.

85. "Positiva" no sentido da elaboração de um saber pretensamente objetivo sobre a loucura, o que implica reconhecê-la por "si mesma" e não apenas como contraface *negativa* da razão, como ausência de razão, como *negação da razão*. Como temos visto, contudo, tanto negativa quanto positivamente, isto é, tanto em seu aspecto de "negação da razão" quanto em seu aspecto de fenômeno cuja identidade e natureza repousariam em "si mesmo", a loucura não é jamais compreendida por Foucault como um dado natural, mas sim como um "fato de cultura" ou de "civilização".

da institucional asilar. Dito de outro modo (e com certo esquematismo): a individualização da loucura como doença mental exige a criação de espaços institucionais destinados exclusivamente aos loucos; estes últimos, por sua vez, constituirão uma categoria social própria, cujos traços marcantes serão apreendidos como devendo ser – *de direito* – objetiváveis para um saber[86]. Neste sentido, dirá Foucault, "a loucura fecha o homem na objetividade"[87], isto é, torna-se um fenômeno interior ao próprio sujeito, um fenômeno que, dizendo respeito à sua verdade, interioriza-se, psicologiza-se para tornar-se "fenômeno antropológico"; e é aqui que se joga a possibilidade de uma "ciência positiva do homem": "É essencial para a possibilidade de uma ciência positiva do homem que exista, do lado mais recuado, esta área da loucura na qual e a partir da qual a existência humana cai na objetividade"[88]. No horizonte da Modernidade, portanto, a loucura torna-se a "forma mais pura, a forma principal e primeira do movimento com o qual a verdade do homem passa para o lado do objeto e se torna acessível a uma percepção científica"[89]. Na estrutura asilar, finalmente, "a lou-

---

86. Como todo o "saber", este também se localiza inicialmente "um pouco abaixo das medidas jurídicas, na parte inferior das instituições, e nesse debate cotidiano em que se confrontam, se dividem, se comprometem e se reconhece enfim o louco e o não louco [...]". Cf. ibid., p. 422-423.

87. Ibid. p. 516.

88. Ibid., p. 457.

89. Ibid., p. 518.

cura é entregue ao conhecimento", o que significa que ela se dá como "conhecida e ao mesmo tempo dominada num único e mesmo ato de consciência"[90].

Em consequência, os domínios do saber psiquiátrico e psicológico não são um produto da humanização do internamento e do desenvolvimento de uma objetividade científica do saber sobre a loucura, mas de uma reestruturação da experiência clássica da loucura na qual a personagem do médico passa a ter papel central: no novo espaço social constituído pelo asilo, construiu-se a objetivação científica da loucura – agora tornada "doença mental" – a partir da alienação do louco na pessoa do médico, cujo estatuto não se assenta tanto em seu saber, mas sim na instância moral representada por sua figura[91]. A experiência clássica da desrazão encontra seus limites no momento em que a introdução da loucura no sujeito psicológico atinge o grau de verdade cotidiana da paixão, da violência e do crime; é neste ponto que a medicina psiquiátrica – a forma propriamente "objetivável" da loucura como "doença mental" – torna-se, enfim, possível.

---

90. Ibid., p. 456.

91. "Não é como cientista que o *homo medicus* tem autoridade no asilo, mas como sábio. Se a profissão médica é requisitada, é como garantia jurídica e moral, e não sob o título de ciência. [...] Pois o trabalho médico é apenas parte de uma intensa tarefa moral que deve ser realizada no asilo e que é a única que pode assegurar a cura do insensato." Cf. ibid., p. 497.

QUINTA LIÇÃO

A espacialização do olhar *sobre* o corpo e a possibilidade de um saber *do* indivíduo em *O nascimento da clínica*

Como vimos em nossa *Primeira lição*, *O nascimento da clínica*, livro publicado em 1963, ecoa ainda os traços fundamentais de *História da loucura*, ao mesmo tempo em que aprofunda algumas de suas questões: ao lado da explicitação do caráter *histórico* e *crítico* da pesquisa empreendida por Foucault (trata-se "de determinar as *condições de possibilidade* da experiência médica"[92]), essa nova obra estende para medicina em geral o esquadro de análise já efetuado em relação à medicina mental.

Desta feita, limitando sua proposta aos séculos XVII e XVIII e ao início do século XIX, Foucault procura centrar-se no momento em que a medicina se reorganiza, como prática e como ciência, com a emergência da anatomia clínico-patológica; momen-

---

92. FOUCAULT, M. *O nascimento da clínica*. Op. cit., p. XVI (*grifo nosso*).

55

to em que o saber médico, imaginando-se livre de seu "passado especulativo", institui-se como ciência empírica. Como consequência institucional, ter-se-ia a ocorrência de um processo de reorganização do domínio hospitalar a partir de uma nova configuração das formas do *ver* e do *dizer*. Desde então, "o corpo humano constitui, por direito de natureza, o espaço de origem e repartição da doença: espaço cujas linhas, volumes, superfícies e caminhos são fixados, segundo uma geografia agora familiar, pelo atlas anatômico. Esta ordem do corpo sólido e visível é, entretanto, apenas uma das maneiras da medicina espacializar a doença. Nem a primeira, sem dúvida, nem a mais fundamental"[93].

O que Foucault pretende demonstrar é que esta ruptura na ordem do saber médico não é devida a um refinamento conceitual, ou mesmo à utilização de instrumentos técnicos mais precisos, mas sobretudo a uma mudança no nível de configuração dos objetos, dos conceitos e dos métodos da medicina.

Tal como fizemos em nossa lição sobre *História da loucura*, também aqui se poderia escalonar a exposição argumentativa de *O nascimento da clínica* em três momentos distintos: a medicina classificatória, a medicina clínica, a medicina anatomopatológica.

1) A medicina classificatória. A medicina clássica – aquela que corresponde aos séculos XVII e

---

93. Ibid., p. 1. Nesta medida, a "coincidência exata do 'corpo' doente com o corpo do homem doente é um dado histórico e transitório".

XVIII – é de tipo classificatória, isto é, nela, tendo como modelo a "história natural", o âmbito de espacialização da doença é a ordem taxonômica, o quadro nosográfico que faz do conhecimento uma tarefa de ordenação e organização hierárquica da enfermidade em famílias, gêneros e espécies. Neste registro, a "doença é percebida fundamentalmente em um espaço de projeção sem profundidade e de coincidência sem desenvolvimento. Existe apenas um plano e um instante"[94].

Portanto, para a medicina clássica a essência de uma enfermidade é definida por sua situação em um espaço nosológico, de sorte que, em contrapartida, esta "medicina das espécies" convoca um olhar que não pretende penetrar na profundida das coisas, mas sim dar-se como "olhar classificatório", quer dizer, como olhar "unicamente sensível às repartições de superfícies, em que a vizinhança é definida não por distâncias mensuráveis, mas por analogias de forma"[95]. Nela, o olhar de superfície do médico conjuga-se com o espaço plano de classificação das doenças. Daqui uma diferença capital entre esta medicina classificatória e a medicina moderna: nesta última, "para conhecer a verdade do fato patológico, o médico deve abstrair o doente"[96]. Quer dizer: a doença – tomada como essência pura que acede à verdade visível no momento em que se integra ao

---

94. Ibid., p. 4.

95. Ibid., p. 5.

96. Ibid., p. 7.

espaço plano da classificação – tem importância maior do que o doente ou mesmo o médico.

Nestas condições, a função capital da ciência médica será, justamente, a de neutralizar os elementos acidentais representados pelo médico e pelo doente ("tolerados como confusões difíceis de evitar"[97]), elementos contingenciais em relação a um conhecimento cuja tarefa consiste em fixar o lugar ideal da doença na ordem também ideal das espécies. Em consequência, a doença, fundada epistemicamente no modelo taxonômico da história natural, pode ser considerada independentemente do corpo do doente ("Quem desejar conhecer a doença deve subtrair o indivíduo com suas qualidades singulares"[98]); e não haverá lugar para um olhar de profundidade que faça do corpo a condição indispensável da enfermidade ("Os órgãos são os suportes sólidos da doença; jamais constituem suas condições indispensáveis"[99]).

2) A medicina clínica. Em fins do século XVIII, Foucault localiza uma importante mutação na ordem do conhecimento médico: a positividade de seu saber – com seus objetos, métodos e conceitos – modifica-se substancialmente, dando lugar a um novo domínio da experiência, um novo arranjo en-

---

97. Ibid., p. 8.

98. Ibid., p. 14.

99. Ibid., p. 10.

tre o *ver* e o *dizer*, dando lugar, enfim, à medicina clínica. Destarte, "Não foi [...] a concepção da doença que mudou primeiramente, e em seguida a maneira de reconhecê-la; nem tampouco o sistema de sinais foi modificado e, em seguida, a teoria; *mas todo o conjunto* e, mais profundamente, a relação da doença com este olhar a que ela se oferece e que, ao mesmo tempo, ela constitui"[100].

Em *O nascimento da clínica*, este momento de ruptura entre a medicina classificatória e a medicina clínica é produto do advento de novos "códigos do saber", códigos nos quais o conhecimento pretende fundar-se no campo da percepção: se a medicina clássica, como vimos, dependia o mínimo possível da percepção (seu objeto era o espaço nosográfico de classificação das entidades patológicas), no caso da medicina clínica a doença se oferece inteiramente à inspeção do olhar; se ao "olhar classificatório" cabia apenas a função de remeter o observado à ordem hierárquica das idealidades – fixadas de antemão no quadro taxonômico –, agora o olhar não se detém na mera função de ilustrar a teoria, mas, ao contrário, ao mesmo tempo em que observa, ele próprio funda seu objeto na "sensorialidade do saber"[101].

Doravante, no âmbito da medicina clínica, o conhecimento não mais se situa no nível da ideali-

---

100. Ibid., p. 97.
101. Ibid., p. 133.

dade, da representação nosológica (o que não significa pura e simplesmente um empirismo ou uma peremptória recusa da teoria[102]), mas em uma nova relação de conjunto entre *percepção* e *linguagem médicas*. "Na medicina das espécies, a natureza da doença e sua descrição não podiam corresponder sem um momento intermediário que era [...] o 'quadro'; na clínica, *ser visto* e *ser falado* se comunicam de imediato na verdade manifesta da doença, de que é precisamente todo o *ser*. Só existe doença no elemento visível e, consequentemente, enunciável"[103]. Em outros termos, e de maneira esquemática: na clínica, toda a mediação entre o olhar do médico e a essência da doença se dissolve, fazendo com que a inteira e exaustiva visibilidade da enfermidade tenha como correlato sua enunciabilidade também integral. Ao contrário do que ocorria para a medicina clássica, agora já não há mais uma diferença absoluta entre a doença, o signo e o sintoma (manifestação primeira da enfermidade).

Fundamentalmente, portanto, é esta relação doença/signo/sintoma que será significativamente mo-

---

102. Como bem notou Roberto Machado, Foucault "não nega que a medicina moderna seja empírica. O que ele critica é a posição dicotômica [própria da história tradicional da medicina] que imagina que a característica básica da clínica moderna seja o fato de ela ter descoberto o visível por oposição ao pensável. A esta opinião ele opõe a hipótese, que procura demonstrar ao longo do livro, de que a mudança se deve à transformação da relação entre o visível e o invisível". Cf. MACHADO. *Foucault, a ciência e o saber*. Op. cit., p. 105.

103. FOUCAULT, M. *O nascimento da clínica*. Op. cit., p. 104.

dificada com a passagem da medicina clássica à medicina clínica: para a primeira, o sintoma não revela a natureza da doença, mas apenas seu desenvolvimento no corpo do doente; para a segunda, por sua vez, a essência da doença torna-se a sua própria manifestação sensível, de sorte que o sintoma passa a ser signo da enfermidade ("todas as manifestações patológicas [sensíveis] falariam uma linguagem clara e ordenada"[104]). Com efeito, é aqui que o olhar intervém para tornar visível a totalidade do campo da experiência médica: "O sintoma se torna, portanto, signo sob um olhar sensível à diferença, à simultaneidade ou à sucessão, e à frequência"[105].

3) A medicina anatomopatológica. No início do século XIX, o espaço da linguagem e do olhar no âmbito do saber médico será significativamente modificado por uma terceira mutação identificada por Foucault: o nascimento da anatomoclínica. A anatomoclínica do século XIX representa, efetivamente, a feição propriamente moderna da medicina, e seu nascimento será produto da relação constitutiva da prática clínica com a anatomia patológica. Neste sentido, dirá Foucault, já em fins do século XVIII a "experiência clínica" preparava-se para "explorar um novo espaço", um espaço relativo à anatomia: "o espaço tangível do corpo, que é ao mesmo tempo

---

104. Ibid., p. 103.
105. Ibid., p. 102.

esta massa opaca em que se ocultam segredos, invisíveis lesões e o próprio mistério das origens"[106].

Com efeito, a clínica transita em direção a uma nova forma de sensibilidade: abre-se, aqui, toda uma dimensão de verticalidade, de volume, um espaço que não mais se esgota no domínio bidimensional da clínica oitocentista – cujo olhar não ultrapassava a superfície do corpo. Essa nova forma se instaura com a introdução sistemática da autópsia na experiência médica, que confere à clínica um novo "espírito": se "a clínica, olhar neutro sobre as manifestações, frequências e cronologias, preocupada em estabelecer parentesco entre os sintomas e compreender sua linguagem, era, por sua estrutura, estranha a esta investigação dos corpos mudos e atemporais"[107], doravante, a partir da anatomoclínica, o problema será justamente o de "fazer aflorar à superfície o que se dispõe em camadas na profundidade; a semiologia não mais será uma *leitura*, mas o conjunto de técnicas que permite constituir uma *anatomia patológica projetiva*"[108]. Destarte, já não basta a observação e descrição das ocorrências e frequências do sintoma, mas é preciso localizar – no interior do corpo doente – a condição necessária da doença em um órgão afetado, sua sede visível. No cadáver dissecado, o invisível da doença torna-se,

---

106. Ibid., p. 135.

107. Ibid., p. 138-139.

108. Ibid., p. 179.

enfim, visível: "O olhar anatomoclínico deverá *demarcar um volume*; dirá respeito à complexidade de dados espaciais que pela primeira vez em medicina são tridimensionais"[109].

Para que o corpo pudesse se instalar no centro da experiência clínica, transformando a configuração do saber médico em direção a anatomoclínica, seria de fundamental importância a anatomia desenvolvida por Marie François Xavier Bichat (1771-1802). Foi Bichat quem tornou possível a anatomoclínica, deslocando o princípio básico da anatomia da região dos órgãos para o isoformismo dos tecidos, o que implica relacionar a leitura dos sintomas patológicos (pretendida pela clínica) com o estudo das alterações dos tecidos (tarefa da anatomia)[110]. Relacionados, os *sintomas* e os *tecidos* (antes dimensões heterogêneas de um plano bidimensional) instituem uma terceira dimensão na experiência médica: assim será definido, no *volume anatomoclínico*, um novo espaço de percepção médica – precisamente: o *corpo doente*[111].

Como elemento correlato indispensável a esta configuração de um espaço de visibilidade que faz

---

109. Ibid., p. 180.

110. Cf. ibid., p. 140-142. Cf. tb. MACHADO. *Foucault, a ciência e o saber*. Op. cit., p. 97-98.

111. "A doença [...] não é mais uma espécie patológica inserindo-se no corpo, onde é possível; *é o próprio corpo tornando-se doente*." Cf. FOUCAULT, M. *O nascimento da clínica*. Op. cit., p. 149-150 (*grifo nosso*).

do corpo doente o âmbito de espacialização da doença, tem-se a constituição de uma linguagem na qual o "signo não fala mais a linguagem natural da doença", mas, ao contrário, "só toma forma e valor no interior das interrogações feitas pela investigação médica"[112], isto é, uma linguagem cujo fundamento se assenta na possibilidade da medicina, em busca da lesão orgânica, penetrar no corpo doente. Assim, como bem nos lembra Roberto Machado, ao passo que na "medicina clássica há privilégio da linguagem com relação ao olhar" (sendo a linguagem médica, neste caso, "necessariamente anterior à percepção"), na anatomoclínica, ao contrário, "há privilégio do olhar em relação à linguagem"[113].

É nesse cenário que o domínio hospitalar, reorganizado no sentido de assumir as funções de prática médica e de pedagogia do saber médico a partir das epidemias ocorridas no final do século XVIII na França, será chamado a tornar-se, de fato e de direito, o domínio no qual se poderá situar o doente em um espaço coletivo e homogêneo, um espaço em cujas divisões normativas estavam dadas as condições de possibilidade para que "o *olhar colocado sobre o indivíduo* e a linguagem da descrição repousassem no fundo estável, visível e legível da morte"[114]. Constitui-se, assim, a configuração de um espaço de

---

112. Ibid., p. 178.

113. MACHADO. *Foucault, a ciência e o saber*. Op. cit., p. 107-108.

114. FOUCAULT, M. *O nascimento da clínica*. Op. cit., p. 216 (*grifo nosso*).

visibilidade da percepção médica (a espacialização da doença no organismo) que referencia e conduz uma linguagem que é o complemeto indispensável desta nova dimensão do visível.

Se tivermos em vista os desenvolvimentos posteriores da arqueologia foucaultiana, talvez o mais importante a notar nas linhas de *O nascimento da clínica* seja o fato de Foucault localizar, no advento da medicina anatomoclínica, uma das principais manifestações de um saber efetivo *do indivíduo* (na modalidade de um corpo inerte desvendado pela autópsia enquanto "corpo particular"). Assim, foi preciso que a morte se integrasse epistemologicamente à experiência do saber médico para que a doença pudesse "*tomar corpo* no *corpo vivo dos indivíduos*"[115]. Na formulação lapidar de Foucault, portanto, a "linguagem e a morte atuaram, em cada nível desta experiência e segundo toda sua espessura, para finalmente oferecer a uma percepção científica o que durante muito tempo tinha permanecido como o invisível visível – proibição e iminente segredo: o saber sobre o indivíduo"[116].

Isso significa, com efeito, que é a medicina moderna – sobre o fundo da finitude e da morte – quem libera para as ciências um indivíduo já conformado ao estatuto de objeto para o conhecimento. "Pode-se compreender, a partir daí, a importância

---

115. Ibid., p. 217.
116. Ibid., p. 188-189.

da medicina para a constituição das ciências do homem: importância que não é apenas metodológica, na medida em que ela diz respeito ao ser do homem como objeto de saber positivo"[117]. Ora, são os pressupostos e as disposições arqueológicas das ciências dos homens que estarão no centro da obra seguinte de Foucault, publicada em 1966: *As palavras e as coisas: uma arqueologia das ciências humanas.*

---

117. Ibid., p. 217.

Sexta lição

Saber e *epistémê* em *As palavras e as coisas*: as condições de possibilidade das ciências humanas

É ao *homem* (compreendido como "estranha figura do saber"[118]), bem como ao tipo de "conhecimento" proporcionado por ele (as chamadas "ciências humanas"), que Foucault se dedicará em *As palavras e as coisas*. Com esta obra, como bem notou Rouanet, a arqueologia procura sair das "zonas especializadas da percepção ocidental" (relativas à história da loucura e da medicina) para, finalmente, ater-se à descrição de "totalidades culturais"[119]: não se trata mais, aqui, de um recorte arqueológico relativo a um saber específico (como a medicina mental ou a clínica), mas sim da tentativa de mapear a disposição epistêmica fundante do *ordenamento do saber* ocidental em sua forma moderna (século XIX).

---

118. FOUCAULT, M. *As palavras e as coisas*. Op. cit., p. XXII.
119. ROUANET. "A gramática do homicídio". Op. cit., p. 97.

Do ponto de vista metodológico, por sua vez, *As palavras e as coisas* representam um ganho substancial para o pensamento foucaultiano: se *História da loucura* e *O nascimento da clínica* ainda não eram capazes de especificar com clareza metodológica a diferença de nível entre a "história da ciência" e a arqueologia, agora, nessa obra de 1966, Foucault ganha a clareza necessária para fazer da noção de *saber* uma categoria capaz de especificar o objeto próprio da análise arqueológica. "Não se tratará, portanto, de conhecimentos descritos no seu progresso em direção a uma objetividade na qual nossa ciência de hoje pudesse enfim se reconhecer; o que se quer trazer à luz é o campo epistemológico, a *epistémê* onde os conhecimentos, encarados fora de qualquer critério referente a seu valor racional ou a suas formas objetivas, enraízam sua positividade e manifestam assim uma história que não é a de sua perfeição crescente, mas, antes, a de suas condições de possibilidade; neste relato, o que deve aparecer são, no espaço do saber, as configurações que deram lugar às formas diversas do conhecimento empírico. Mais que de uma história no sentido tradicional da palavra, trata-se de uma 'arqueologia'"[120].

---

120. Ibid., p. XVIII-XIX. É de notar-se a nota de rodapé que acompanha o trecho citado, e que já anuncia a redação daquela que será a obra propriamente metodológica de Foucault, *A arqueologia do saber:* "Os problemas de método suscitados por tal 'arqueologia' serão examinados em uma próxima obra". Cf. ibid., p. XIX.

Destarte, é a *epistémê* – conceito capital em *As palavras e as coisas* – que especifica o objeto de análise da arqueologia enquanto uma "arqueologia do saber", isto é, um tipo de investigação que incide sobre o *saber* (campo de um ordenamento discursivo da experiência) e não sobre a "ciência". Neste sentido, compreenda-se por *epistémê* o âmbito de ordenamento histórico-cultural dos discursos independentemente e aquém dos possíveis critérios de cientificidade do "discurso científico" propriamente dito. Trata-se, com efeito, de investigar o solo originário a partir do qual certo campo do saber se fez possível, o *a priori* histórico que, com efeito, permite ou interdita certas formas do pensável e do enunciável para uma época[121].

Refaçamos, então, o essencial da argumentação desenvolvida por Michel Foucault em sua *arqueologia das ciências humanas*. E uma vez que em *As palavras e as coisas* encontraremos a mesma periodização já consagrada em *História da loucura* e *O nascimento da clínica*, também aqui manteremos uma forma de exposição escalonada em três tempos: 1) A *epistémê* da Renascença: a idade da semelhança (séculos XV e XVI); 2) A *epistémê* da Idade Clássica: a idade da Representação (séculos XVII e XVIII); 3) A *epistémê* da Idade Moderna: a idade do homem (séculos XIX e XX).

---

121. Ibid. p. XVIII.

1) A *epistémê* da Renascença: a idade da semelhança. "Até o fim do século XVI a semelhança desempenhou um papel construtor no saber da cultura ocidental. Foi ela que, em grande parte, conduziu a exegese e a interpretação dos textos: foi ela que organizou o jogo dos símbolos, permitiu o conhecimento das coisas visíveis e invisíveis, guiou a arte de representá-las"[122]. Esta primeira configuração do saber localizada por Foucault, portanto, estará dominada pela categoria de semelhança: é ela que produz e organiza as figuras do saber na Renascença. Trata-se da relação de parentesco que liga toda a cadeia dos seres pela similitude segundo quatro ordens de semelhança: a *convenientie*, a *aemulatio*, a *analogia* e a *simpatia*.

Foucault analisará estas quatro ordens de semelhança no primeiro subitem do segundo capítulo da primeira parte do livro: a) a *convenientie* ligava coisas próximas umas das outras, como animal e planta, terra e mar, corpo e alma, perfazendo uma "grande cadeia de ser"[123]; b) a *aemulatio*, por sua vez, assinalava uma similitude à distância, como aquela que assemelhava o céu ao rosto, uma vez que ambos possuiriam dois olhos (o Sol e a Lua), de sorte que, por "esta relação de emulação, as coisas podem se imitar de uma extremidade à outra do universo sem

---

122. Ibid., p. 23.
123. Ibid., p. 24.

encadeamento nem proximidade"[124]; c) a *analogia*, cuja amplitude era ainda maior, baseava-se menos em coisas semelhantes do que em relações de semelhança[125]; d) a *simpatia*, por fim, remetia a uma identificação praticamente sem limites – por seu intermédio, cada fragmento da realidade era atraído e ligado a outro, de sorte que todas as diferenças acabavam dissolvidas por meio deste jogo de "atração universal" (a *antipatia* lhe fará contraponto a fim de impedir que cada coisa seja transformada e assimilada a uma "massa homogênea, à morna figura do Mesmo")[126].

Assim sendo, para a *epistémê* da Renascença "conhecer" significa um "ziguezaguear indefinido" que vai "do semelhante ao que lhe é semelhante"[127]. Nestas condições, fazendo da similitude o "nexo entre o signo e o que ele indica, o saber do século XVI condenou-se a só conhecer sempre a mesma coisa, mas a conhecê-la apenas ao termo jamais atingido de um percurso indefinido"[128]. Para o saber deste período, portanto, conhecer é descobrir pela semelhança as marcas do signo *na* coisa, e isso por meio da interpretação, da adivinhação e do comentário. "O mundo é coberto de signos que é preciso decifrar, e estes sig-

---

124. Ibid., p. 27.

125. Ibid., p. 29.

126. Ibid., p. 32-33.

127. Ibid., p. 41.

128. Ibid., p. 42.

nos, que revelam semelhanças e afinidades, não passam, eles próprios, de formas da similitude. Conhecer será, pois, *interpretar*: ir da marca visível ao que se diz através dela e, sem ela, permaneceria palavra muda, adormecida nas coisas"[129].

2) A *epistémê* da Idade Clássica: a idade da representação. A ruptura que inaugura, na ordem do saber, a chamada Idade Clássica, diz respeito a um momento no qual "as semelhanças e os signos romperam sua antiga aliança": doravante, com efeito, "as similitudes decepcionam, conduzem à visão e ao delírio; [...] as palavras erram ao acaso, sem conteúdo, sem semelhança para preenchê-las; não marcam mais as coisas; dormem entre as folhas dos livros, no meio da poeira"[130]. Neste sentido, Foucault verá na obra *Dom Quixote*, de Miguel de Cervantes, o limiar da *epistémê* renascentista: o "delírio" de Dom Quixote advém precisamente de sua busca incessante pelas similitudes em uma época na qual a "linguagem rompe seu velho parentesco com as coisas"[131]. Assim, para a *epistémê* clássica os signos

---

129. Ibid., p. 44.

130. Ibid., p. 65.

131. "*Dom Quixote* é a primeira das obras modernas, pois aí se vê a razão cruel das identidades e das diferenças desdenhar infinitamente dos signos e das similitudes: pois aí a linguagem rompe seu velho parentesco com as coisas, para entrar nessa soberania solitária de onde só reaparecerá, em seu ser absoluto, tornada literatura; pois aí a semelhança entra numa idade que é, para ela, a da desrazão e da imaginação." Cf. ibid., p. 67.

não estarão mais fundados na ordem prévia das próprias coisas.

Em contrapartida – e como consequência – a *epistémê* clássica será regida pela categoria da *Ordem*: "Essa relação com a *Ordem* é tão essencial para a Idade Clássica quanto foi para o Renascimento a relação com a *Interpretação*"[132]. Destarte, se os signos não se fundam mais na ordem prévia das coisas – como dissemos acima –, então será preciso *ordenar* a totalidade do real integrando-a a uma "ciência universal da ordem" (em um sistema articulado entre *mathésis* e *taxonomia*). Nestas circunstâncias, a atividade do espírito não mais consistirá em aproximar as coisas segundo sua similutude, mas sim em distingui-las em sua identidade e diferença, inserindo-as em um quadro de gêneros e espécies, classes, subclasses, hierarquias e subordinações. "As ciências trazem sempre consigo o projeto mesmo longínquo de uma exaustiva colocação em ordem: apontam sempre para a descoberta de elementos simples e de sua composição progressiva; e, no meio deles, elas formam o quadro, exposição de conhecimentos, num sistema contemporâneo de si próprio. O centro do saber, nos séculos XVII e XVIII, é o *quadro*"[133].

No cerne deste ordenamento, e da possibilidade de integrar no quadro a totalidade do real, encontra-

---

132. Ibid., p. 79.
133. Ibid., p. 103.

mos o conceito de *representação* ("que é o grande instrumento operatório da episteme clássica"[134]): é ele que permite ao pensamento clássico ordenar o signo – isto é: a palavra significativa – com relação à ideia ou imagem que lhe corresponde e o liga com o exterior, quer dizer, com o mundo representado. "É que, com efeito, o quadro só tem por conteúdo o que ele representa e, no entanto, esse conteúdo só aparece representado por uma representação"[135].

Pois bem: o que interessa a Foucault, neste momento, é justamente mostrar a maneira como três domínios do saber característicos da *epistémê* da Idade Clássica são dependentes da "teoria da representação", a saber, a *gramática geral*, a *história natural* e a *análise das riquezas* (ou *economia*). Destarte, para a Época Clássica, é no quadro das identidades e das diferenças oferecidas por *nossa* representação que se encontram a *história natural* ("ciência dos caracteres que articulam a continuidade da natureza e sua imbricação"), a *teoria da moeda* e do *valor* ("ciência dos signos que autorizam a troca e permitem estabelecer equivalências entre as necessidades ou os desejos dos homens") e, por fim, a *gramática geral* ("ciência dos signos pelos quais os homens reagrupam a singularidade de suas percepções e recortam o movimento contínuo de seus pensamentos")[136].

---

134. ROUANET. "A gramática do homicídio". Op. cit., p. 98.

135. FOUCAULT, M. *As palavras e as coisas*. Op. cit., p. 88.

136. Ibid., p. 101.

Neste sentido, Foucault promove uma análise – em nível arqueológico – destes três domínios epistemológicos exemplares da *epistémê* da Idade Clássica: a) no campo da *gramática geral* ("ciência da ordem" no domínio das palavras) o estudo da linguagem se dá como análise de um sistema de signos cuja propriedade essencial é a de exprimir todas as representações – o ser de toda representação pode ser nomeado, designado, falado, de sorte que a *"gramática geral" será justamente "o estudo da ordem verbal na sua relação com a simultaneidade que ela é encarregada de representar"*[137]; b) no campo da *história natural* ("ciência da ordem" no domínio dos seres), o observável se traduz em um sistema de gêneros e espécies que constituem uma descrição ordenável do espaço da empiricidade, um sistema que "tem por condição de possibilidade o pertencer comum das coisas e da linguagem à representação", mas que "só existe como tarefa na medida em que coisas e linguagem se acham separadas"[138]; c) por fim, no campo da *análise das riquezas* ou da *economia* ("ciência da ordem" no domínio das "necessidades"), o estudo das trocas monetárias se faz em termos da capacidade da moeda em servir como meio de troca, como meio de representar riqueza: não havendo ainda a noção de produção, mas apenas a de riqueza, a moeda recebe seu valor de pura função de signo, não valendo por si

---

137. Ibid., p. 115.
138. Ibid., p. 181.

mesma, mas por sua capacidade de representar determinada quantidade de riqueza[139].

Nas palavras de Rouanet, que resumem bem a descrição da chamada *epistémê* clássica por Foucault, a "gramática geral, a história natural e a análise das riquezas manifestam [...] a capacidade do real em ser exaustivamente representado. Toda linguagem é nomeável, todo ser é classificável e toda riqueza é monetizável: três manifestações convergentes da visão clássica, baseada na certeza de que todo real pode ser representado"[140].

3) A *epistémê* da Idade Moderna: a idade do homem. A terceira mutação identificada pela arqueologia foucaultiana na "ordem do saber" diz respeito ao desaparecimento do espaço da representação: na virada do século XVIII para o XIX, segundo Foucault, a "teoria da representação" não garante mais o "fundamento geral de todas as ordens possíveis"; em consequência, também a linguagem não atua mais como "suplemento indispensável entre a representação e os seres"[141]. O fundamento do saber se encontra agora em um novo domínio da objetividade, uma nova disposição epistêmica na qual a *ordem* será substituída pela *história*: assim, "história não deve ser aqui entendida como a coleta das su-

---

139. Ibid., p. 240.

140. ROUANET. "A gramática do homicídio". Op. cit., p. 99.

141. FOUCAULT, M. *As palavras e as coisas*. Op. cit., p. XX.

cessões de fatos", mas como "modo de ser fundamental das empiricidades, aquilo a partir do que elas são afirmadas, postas, dispostas e repartidas no espaço do saber para eventuais conhecimentos e para ciências possíveis"[142]. Na Modernidade, portanto, a história – isto é, o "fluxo da temporalidade" – definirá o modo de ser de tudo o que nos é dado na experiência (das chamadas "empiricidades", nos termos de Foucault), formando o fundo a partir do qual três novos saberes se tornarão possíveis (em substituição, respectivamente, aos saberes clássicos da *análise das riquezas*, da *história natural* e da *gramática geral*): a *economia política,* a *biologia* e a *filologia*.

No primeiro caso, na *economia política* a ênfase da análise das riquezas se desloca da *circulação* para a *produção*, de maneira que o valor deixa de ser signo, deixa de circular "no espaço tabular do quadro", no "circuito indefinido de representações recíprocas"[143], para tornar-se um *produto*[144]. Nesta medida, se o valor é produção, isso quer dizer que as coisas valem tanto quanto o *trabalho* que a elas se consagrou; ora, o trabalho introduz uma historicidade radical na análise das riquezas e do valor na Modernidade: não se trata mais de uma temporalidade circular baseada no jogo de interações entre "objetos de necessidade que se representam uns aos ou-

---

142. Ibid., p. 300.
143. ROUANET. "A gramática do homicídio". Op. cit., p. 99.
144. FOUCAULT, M. *As palavras e as coisas*. Op. cit., p. 349.

tros" (como o era para o Classicismo), "mas de tempo e fadiga, transformados, ocultos, esquecidos"[145]. Com a *economia política* moderna, passamos de um tempo circular a um tempo cumulativo.

No segundo caso, aquele referente à ruptura arqueológica que possibilitou a passagem da história natural à *biologia*, é o conceito de *vida* que introduzirá a historicidade na ciência dos seres vivos[146]. Assim, se para a *epistémê* clássica o "ser vivo era uma localidade da classificação natural", agora, ao contrário, não é mais o ser vivo que constitui uma localidade de classificação – "não há mais, sobre a grande superfície da ordem, a classe daquilo que pode viver" –, mas é o fato de ser classificável que constitui uma propriedade do ser vivo[147]. Em outras palavras: "A vida não é mais o que se pode distinguir, de maneira mais ou menos certa, do mecânico; é aquilo em que se fundam todas as distinções possíveis entre os seres vivos"[148]. Segundo *As palavras e as coisas*, portanto, eis o momento de instauração das condições de possibilidade de uma *biologia*: é a descontinuidade das formas vivas que permite con-

---

145. Ibid., p. 308.

146. "Com efeito, até o fim do século XVIII, a vida não existe. Apenas existem seres vivos. Estes formam uma, ou, antes, várias classes na série de todas as coisas do mundo: e se se pode falar da vida, é somente como de um caráter – no sentido taxonômico da palavra – na universal distribuição dos seres." Cf. ibid., p. 222.

147. Ibid., p. 369.

148. Ibid., p. 370.

ceber o fluxo temporal inerente ao "ser vivo", dissolvendo o quadro clássico em favor da substituição da "história natural por 'história' da natureza"[149].

Por fim, no que concerne à *filologia*, a linguagem não designa mais um sistema de representações que detém o poder de recortar e de recompor outras representações, de sorte que, em consequência, a significação da palavra não está mais ligada primeiramente a sua capacidade representativa. Ao contrário, para a Modernidade a representação torna-se secundária: a palavra *significa* na medida em que é parte integrante de uma organização gramatical que assegura, de maneira autônoma, a coerência da linguagem, tornando-a independente de sua capacidade de expressar representações. Na condição de objeto autônomo para um saber, a linguagem se torna transparente apenas quando confrontada com seus estados anteriores, com suas transformações históricas, e "a 'filologia' estudará não mais as funções representativas do discurso, mas um conjunto de constantes morfológicas *submetidas a uma história*"[150].

Destarte, se é possível falarmos em "ciência empírica" na Modernidade, isso ocorre no momento em que os seres vivos, as riquezas e as palavras se desprendem da *representação* para tornarem-se objetos cuja profundidade específica repousa sobre as positividades da vida, da produção e da linguagem.

---

149. Ibid., p. 380.
150. Ibid., p. 286 (*grifo nosso*).

É essa mutação que determina o solo próprio do saber na Modernidade; é a ela que devemos o desaparecimento da representação do campo do conhecimento empírico e, em contrapartida, a própria possibilidade do "homem" como objeto específico do saber, bem como da ciência que lhe é correlata: as "ciências humanas". Para a Idade Moderna, a tematização das empiricidades terá lugar lá onde o *homem* – na condição de ser finito, isto é, histórico – tiver sido requerido como *objeto* de conhecimentos enquanto ser "vivo", "produtivo" e "falante".

Em nossa próxima lição veremos mais de perto as aporias e dificuldades que este estranho objeto do conhecimento encerra: com efeito, para Michel Foucault, a dupla função que o modo de ser do homem desempenha na *epistémê* moderna (*sujeito* e *objeto* para o conhecimento) nos assinala, de saída, as formas de seu esgotamento próximo.

SÉTIMA LIÇÃO

O homem como um par "empírico-transcendental" e o lugar das ciências humanas na Modernidade

O "homem" – como figura epistêmica – constitui-se em *"certa brecha na ordem das coisas"*: as ciências humanas, com efeito, são um lugar, uma posição no espaço do saber; uma posição privilegiada, fundamental para a compreensão de nossa Modernidade, mas, ainda assim, não mais do que uma posição. Enquanto "posição no espaço do saber", as ciências humanas, para a arqueologia foucaultiana, marcam o momento em que a descoberta da finitude não mais se aloja no interior do pensamento infinito, "mas no coração mesmo destes conteúdos [a vida, a linguagem, o trabalho] que são dados, por um saber finito, como as formas concretas da existência humana. Daí o jogo interminável de uma referência reduplicada: se o saber do homem é finito, é porque ele está preso, sem liberação possível, nos conteúdos positivos da linguagem, do trabalho e da vida; e inversamente, se a vida, o trabalho e a lin-

81

guagem se dão em sua positividade, é porque o conhecimento tem formas finitas"[151].

Mas uma figura epistêmica como esta – o "homem" – delineia um "sujeito do conhecimento" estruturalmente sobrecarregado, ou seja, um "sujeito da representação" que deve tomar a si como *objeto* para aclarar-se, a *si* e *para si*, no próprio processo de representação. É a isso que Foucault nomeará de par "empírico-transcendental", referindo-se, sempre, à figura epistêmica do "homem" como objeto para o saber e como sujeito que conhece: nela – e como já vimos –, a inter-relação dos saberes biológico, socioeconômico e cultural faz valer o que se constata empiricamente como sendo exatamente aquilo que transcende esse teor empírico do conhecimento, constituindo, precisamente, o seu fundamento. Daqui uma das questões centrais de *As palavras e as coisas*: que lugar se deve conferir às ciências humanas na Modernidade se o seu objeto específico (o "homem") é analisado como ser empírico pelas ciências biológicas, socioeconômicas e culturais e, ao mesmo tempo, como ser transcendental (fundamento de todo o conhecimento possível) pela filosofia?

Para bem compreender o que está em jogo, é importante recolocar o diagnóstico foucaultiano nos seguintes termos: a mutação epistêmica que nos leva da Idade Clássica para a Modernidade, e que forma o solo a partir do qual se tornam possíveis no-

---

151. Ibid., p. 436.

vas empiricidades para o saber (a vida, o trabalho e a linguagem), implicou no rompimento com a antiga aliança entre as coisas e as representações: para a *epistêmê* clássica, como vimos, todas as coisas eram representáveis e todas as representações tinham sua correspondência nas coisas; agora, na Modernidade, este vínculo está definitivamente rompido, de maneira que não subsiste mais a ordem prévia das representações e das coisas. Um terceiro elemento entre coisas e representações terá que vir à tona para promover, novamente, um vínculo que garanta a ordem (doravante precária) do real. Este terceiro elemento será uma nova figura epistêmica: precisamente, o *homem* – compreendido aqui como atividade de síntese, de reunião entre os domínios separados das coisas, com seus nexos e sua organização própria, e das representações, sempre mais ou menos imprecisas, sempre em busca de suas correspondências com o real.

Nestas condições, portanto, a tematização das empiricidades no período moderno se deu na medida em que o *homem*, ele próprio, foi requerido como *objeto* de saber enquanto ser que "vive", "produz" e "fala", e que o faz na condição de ser finito, isto é, "histórico". Assim, na falta do esteio proporcionado pela aliança prévia entre as coisas e as representações, é ao "homem" – como *ser finito* – que se referem os saberes relativos às empiricidades da vida, do trabalho e da linguagem na Modernidade. Nos termos do próprio Foucault: "Em certo sentido, o homem é dominado pelo trabalho, pela vida e pela linguagem: sua existência concreta neles encontra suas determinações; só se pode ter acesso a ele através de suas palavras, de seu organismo, dos objetos que ele fabrica – como se eles primeiramente (e somente eles talvez) detivessem a verdade; e ele próprio, desde que pensa, só se desvela a seus próprios olhos sob a forma de um ser que, numa espessura necessariamente subjacente, numa irredutível anterioridade, é já um ser vivo, um instrumento de produção, um veículo para palavras que lhe preexistem. [...] A finitude do homem se anuncia – e de uma forma imperiosa – na positividade do saber; sabe-se que o homem é finito, como se conhecem a anatomia do cérebro, o mecanismo dos custos de produção ou o sistema da conjugação indo-europeia; ou, antes, pela filigrana de todas essas figuras sólidas, positivas e plenas, percebem-se a finitude e os limites que elas impõem, adivinha-se como que em branco tudo o que elas tornam impossível"[152].

Mas é também neste ponto – do "homem" como objeto "dominado pelo trabalho, pela vida e pela linguagem" e, ao mesmo tempo, como "sujeito" que torna possível todos esses conhecimentos – que Foucault localiza (e faz a crítica) ao que ele denominará de "analíticas da finitude". Em *As palavras e as coisas*, as analíticas da finitude são descritas como uma disposição fundamental da Modernidade para remontar a análise das finitudes empíri-

---

152. Ibid., p. 432.

cas da vida, do trabalho e da linguagem para as supostas finitudes ainda mais fundamentais do *corpo*, do *desejo* e da *fala*: assim, "à experiência do homem é dado um corpo que é seu corpo – fragmento de espaço ambíguo, cuja espacialidade própria e irredutível se articula, contudo, com o espaço das coisas; a essa mesma experiência é dado o desejo, como apetite primordial a partir do qual todas as coisas adquirem valor e valor relativo; a essa mesma experiência é dada uma linguagem em cujo fio todos os discursos de todos os tempos, todas as sucessões e todas as simultaneidades podem ser franqueados"[153]. Trata-se, aqui, da tentativa de "pensar" o "impensado", de aproximar o homem de si mesmo, de apreendê-lo a partir daquilo que, de um lado, "se oferece ao saber refletido como a projeção confusa do que é o homem na sua verdade", mas que, de outra parte, "desempenha igualmente o papel de base prévia a partir da qual o homem deve reunir-se a si mesmo e se interpelar até sua verdade"[154].

É esta disposição essencial da Modernidade, expressa nas analíticas da finitude, que faz do "homem" um par empírico-transcendental, dotando-o de uma ambiguidade tal que resultará em um sujeito sobrecarregado em sua dupla posição de "sujeito empírico" (objeto disposto à interrogação sobre a finitude) e "sujeito transcendental" (condição de

---

153. Ibid., p. 433-434.
154. Ibid., p. 451.

possibilidade do mundo como totalidade dos objetos da experiência possível). É sobre a base deste sujeito sobrecarregado que se assentam as condições de possibilidade das chamadas "ciências humanas", ou seja, "a psicologia, a sociologia, a análise das literaturas e das mitologias"[155]: elas se situam em um domínio que vai das *empiricidades* às *analíticas da finitude*, quer dizer, percorrem um círculo que nos reenvia constantemente daquilo que está delimitado pela análise do que há de empírico no homem (a vida, o trabalho e a linguagem) até aquilo que possibilita a este mesmo homem o conhecimento destas empiricidades e, portanto, o conhecimento

---

155. É de notar-se que Foucault não menciona, aqui, a história. Ou melhor: ele o faz, mas dá a ela um *status* que permite situá-la não apenas como uma entre outras tantas ciências humanas, mas como a "mãe de todas as ciências do homem": "Falou-se das ciências humanas; falou-se destas grandes regiões que a psicologia, a sociologia, a análise das literaturas e das mitologias aproximadamente delimitam. Não se falou da história, embora seja a primeira e como que a mãe de todas as ciências do homem, embora seja tão velha talvez quanto a memória humana. Ou melhor, é por esta razão mesma que ela permaneceu até agora em silêncio. Com efeito, ela talvez não tenha lugar entre as ciências humanas nem ao lado delas: é provável que entretenha com elas uma relação estranha, indefinida, indelével e mais fundamental do que o seria uma relação de vizinhança num espaço comum." Linhas adiante: "Uma vez que o homem histórico é o homem que vive, trabalha e fala, todo conteúdo da história, qualquer que seja, concerne à psicologia, à sociologia ou às ciências da linguagem. Mas, inversamente, uma vez que o ser humano se tornou, de ponta a ponta, histórico, nenhum dos conteúdos analisados pelas ciências humanas pode ficar estável em si mesmo nem escapar ao movimento da história". Cf. ibid., p. 508 e 513, respectivamente.

exaustivo de si mesmo como fundamento e acesso ao fundamento. Donde os quatro traços de oposições que, segundo Foucault, compõem a "forma homem" no horizonte da *epistêmé* moderna: a) oposição entre as "positividades empíricas" e a descoberta da "finitude" como indicação dos limites humanos (limites do conhecimento e da existência); b) oposição entre o "empírico" e o "transcendental"; c) oposição entre o "ato reflexivo" da tomada de consciência e aquilo que é inacessível e imemorial (o *cogito* e o impensado"); d) oposição entre o "passado" de uma origem do homem sempre existente e o futuro de um "retorno" ainda pendente na origem (o "recuo e o retorno da origem"). Em poucas palavras, "o liame das positividades com a finitude, a reduplicação do empírico no transcendental, a relação perpétua do *cogito* com o impensado, o distanciamento e o retorno da origem definem para nós o modo de ser do homem"[156].

Podemos, então, retomar a questão que fizemos nas primeiras linhas desta lição: que lugar se deve conferir às ciências humanas na Modernidade se o seu objeto específico (o "homem") é analisado como ser empírico pelas ciências biológicas, socioeconômicas e culturais e, ao mesmo tempo, como ser transcendental (fundamento de todo o conhecimento possível) pela filosofia?

---

156. Ibid., p. 463.

Sabemos que as ciências humanas "só nasceram na medida em que apareceu, com o homem, um ser que não existia outrora no campo da *epistémê*"[157]. Destarte, até a Idade Clássica "não era possível [...] que se erguesse, no limite do mundo, essa estatura estranha de um ser cuja natureza [...] consistisse em conhecer a natureza e, por conseguinte, a si mesmo como ser natural" (como querem as chamadas ciências empíricas)[158]. No campo da filosofia, por sua vez, é o pensamento de Immanuel Kant que teria proporcionado o horizonte epistêmico próprio à Modernidade: com o kantismo, não se trata mais de encontrar o próprio movimento do verdadeiro no desdobramento das representações (como para a Idade Clássica), mas sim de interrogar-se sobre as condições de possibilidade da própria representação, encontrando no *sujeito*, considerado como atividade de síntese das representações, o fundamento de todo o conhecimento possível[159]. Mas o próprio Kant, ao contrário do que ocorrerá com o pensamento pós-kantiano, tratou de fixar claramente as fronteiras entre essas duas formas de análise, a empírica e a transcendental.

---

157. Ibid., p. 503.

158. Ibid., p. 428.

159. Assim, de modo diverso do que se considera comumente, para Foucault a Modernidade filosófica se inicia com Kant, e não com René Descartes. Quer dizer: ela se inicia no momento em que um *sujeito* não empírico e finito será alocado *fora da representação*, na posição de *fundador*, lá onde os "limites do conhecimento fundam positivamente a possibilidade do saber". Cf. ibid., p. 436.

Quando se trata das ciências humanas, no entanto, essa fronteira se apaga: é entre o empírico e o transcendental, entre o homem analisado como "ser natural" ou como "fundamento" do conhecimento possível, que se abre a possibilidade do surgimento de um saber sobre o homem. Em outros termos: as ciências humanas são um saber que ocupa justamente a distância entre os registros diversos do empírico e transcendental. Portanto, instalada no espaço intermediário entre as ciências empíricas e a analítica da finitude, as ciências humanas devem ser consideradas como sendo a um só tempo uma reduplicação das primeiras e um desenvolvimento da segunda. Assim, é a partir delas, ou melhor, do solo epistêmico que as tornou possíveis, que o prolongamento da questão acerca de *"O que é o homem?"* (questão saída do próprio kantismo) poderá operar, "furtiva e previamente, a confusão entre o empírico e o transcendental, cuja distinção, porém, Kant mostrara"[160].

Desta disposição fundamental da Modernidade, que constitui um nível de reflexão mista que oscila entre empírico e transcendental, "nasceram todas as quimeras dos novos humanismos, todas as facilidades de uma 'antropologia', entendida como reflexão geral, meio positiva, meio filosófica, sobre o homem"[161]. E é a esta configuração antropológica do pensamento que devemos nos dirigir, se efetivamen-

---

160. Ibid., p. 471.

161. Ibid., p. XX.

te quisermos nos instalar – criticamente e sem inge-
nuidades – no tempo que nos é contemporâneo: para
Foucault, o pensamento atual (atravessado por esta
estrutura paradoxal do homem como par empírico-transcendental) exige um "desenraizamento da
antropologia"; e ele o exige, em primeiro lugar, a
partir da experiência fundamental da filosofia de Friedrich Nietzsche, lugar no qual a disposição antropológica da *epistémê moderna* encontra seu maior desa-
fio e, quiçá, sua crítica e desmontagem efetivas[162].

---

162. "Talvez se devesse ver o primeiro esforço desse desenraizamento da antropologia ao qual, sem dúvida, está votado o pensamento contemporâneo, na experiência de Nietzsche: através de
uma crítica filológica, através de uma certa forma de biologismo,
Nietzsche reencontrou o ponto onde o homem e Deus pertencem
um ao outro, onde a morte do segundo é sinônimo do desaparecimento do primeiro, e onde a promessa do super-homem significa,
primeiramente e antes de tudo, a iminência da morte do homem."
Cf. ibid., p. 472-473.

Oitava lição

Da "genealogia" desenvolvida por Michel Foucault

Já em nossa *Primeira lição*, afirmamos que a genealogia não constitui propriamente um domínio distinto daquele da arqueologia, mas sim o desenvolvimento de uma perspectiva diversa ao redor de uma mesma problemática; uma perspectiva que procura desnudar a maneira como os discursos se investem em instituições diversas e, com efeito, balizam práticas extradiscursivas que informam determinadas formas do exercício do poder. Portanto, a genealogia pertence a um período em que as investigações de Michel Foucault foram inflexionadas à análise das formas de exercício do poder a partir de uma abordagem que pretende localizar, no âmbito do saber, elementos de um dispositivo de natureza fundamentalmente *política*. Dito de outro modo, trata-se, para Foucault, de situar o saber (objeto próprio da arqueologia) no âmbito das relações de poder e das lutas políticas próprias da Modernidade: considerando a *verdade* como uma produção histórica, descrevendo a formação dos discursos para estabelecer suas condições de existência – e não de validade –, é a própria arqueologia que fornece o ponto de partida foucaultiano para fazer convergir as *formas modernas do saber* com a dinâmica peculiar das estratégias de poder que as envolve e que, ao fazê-lo, repõe sem cessar o caráter dissimulado das práticas constringentes que as sustentam. Nas palavras de Roberto Machado, "A genealogia é uma análise histórica das *condições políticas* de possibilidade dos discursos"[163].

Neste sentido, Foucault pretende revelar – e *este* é o registro próprio de sua genealogia – a formação de um domínio de saber a partir de práticas políticas diversas. Daqui uma série de consequências que se poderá retirar da maneira como a genealogia foucaultiana leva a termo sua análise do poder:

1) Trata-se sempre de considerar que o poder político não está ausente do saber, mas, ao contrário, ele é tramado *com* o saber. Nesta medida, dirá Foucault, é preciso liquidar com o grande mito do pensamento ocidental, um mito que se inicia já com Platão, e que postula "que a verdade nunca pertence ao poder político", que há uma "antinomia entre o saber e o poder"[164].

---

163. MACHADO. *Foucault, a ciência e o saber*. Op. cit., p. 167 (*grifo nosso*).

164. FOUCAULT, M. *A verdade e as formas jurídicas*. Rio de Janeiro: Nau, 2003, p. 50-51 [Trad. de Roberto Cabral de Melo Machado e Eduardo Jardins Morais. Supervisão final do texto de Lea Porto de Abreu Novaes et al.].

2) O poder deixa de ser considerado aqui como algo que possua uma essência, uma natureza própria, e passa a ser tratado do ponto de vista de seu exercício efetivo, das relações que ele engendra e coloca em marcha. Nos termos de Roberto Machado, o "poder não é um objeto natural", mas uma "prática social e, como tal, constituída historicamente"[165].

3) Nestas condições, o poder não emerge como algo exclusivo ao aparato estatal, mas sim em sua manifestação periférica, em suas formas locais, em seu aspecto capilar e "microfísico". O que implica investigá-lo como "técnica" ou "tecnologia" de controle detalhado do corpo, dos gestos, das atitudes, dos comportamentos e hábitos dos indivíduos[166].

4) Daqui a tese mais surpreendente da genealogia foucaultiana: "o indivíduo não é o *vis-à-vis* do poder", mas "um de seus efeitos primeiros"[167]. Ou seja: em lugar de apreender o poder em seus aspectos negativos – repressão das condutas, proibição das ações etc. –, trata-se, para o genealogista, de apreendê-lo em seus aspectos positivos, produtivos. "Temos que dei-

---

165. MACHADO, R. "Introdução: Por uma genealogia do poder". *Microfísica do poder*. Op. cit., p. X.

166. "Os poderes [para Foucault] se exercem em níveis variados e em pontos diferentes da rede social, e neste complexo os micropoderes existem interligados ou não ao Estado [...]". Cf. ibid., p. XII.

167. FOUCAULT, M. *Em defesa da sociedade*. Op. cit., p. 27.

xar de descrever sempre os efeitos de poder em termos negativos: ele 'exclui', 'reprime', 'recalca', 'censura', 'abstrai', 'mascara', 'esconde'. Na verdade o poder produz; ele produz realidade; produz campos de objetos e rituais da verdade. O indivíduo e o conhecimento que dele se pode ter se originam nessa produção"[168].

5) E é justamente por sua eficácia produtiva – e não seu aspecto puramente represssivo – que o exercício do poder tem como alvo privilegiado o corpo do indivíduo em sua singularidade, não para supliciá-lo, reprimi-lo, mutilá-lo, mas para incitá-lo, induzi-lo a gestos, comportamentos e hábitos que permitam adestrá-lo. Destarte, "O corpo só se torna força útil se é ao mesmo tempo corpo produtivo e corpo submisso"[169].

Excetuando-se os primeiros cursos dados por Michel Foucault no Collège de France, as obras características deste período genealógico da trajetória foucaultiana são *Vigiar e punir* (1975) e *A vontade de saber* (1976) – trabalhos nos quais Foucault se debruça no estudo da formação do sujeito, do indivíduo moderno, enquanto produto objetivo dos sistemas de saber e de poder, o correlato de dispositivos estratégicos políticos que lhe imporiam uma identidade constringente. No primeiro caso, o que estará em foco é uma genealogia dedicada ao "nas-

---

168. FOUCAULT, M. *Vigiar e punir*. Op. cit., p. 172.

169. Ibid., p. 28.

cimento das prisões", isto é, à forma punitiva característica da Modernidade, cuja peculiaridade é o exercício de um tipo de poder que incide sobre o corpo dos indivíduos a partir de técnicas de vigilância constante e de gestão de condutas que visam torná-lo dócil e útil (o "poder disciplinar", como veremos já na lição seguinte). No segundo caso, por sua vez, o que estará no centro de interesse de Foucault será a sexualidade na medida em que ela expressaria um referencial privilegiado – ainda que não o único – daquilo que se poderia descrever como sendo a grande empresa de *normalização* no Ocidente moderno: o sexo apreendido como uma instância reveladora dos dispositivos de um tipo de exercício do poder que incide sobre o controle da população (a "biopolítica", em termos foucaultianos). Em ambas as obras, Foucault esboça o que seria o programa de uma crítica da *sociedade de normalização*: na sua forma moderna, o domínio no qual se exerce o poder (em seu funcionamento e finalidade) não é a lei, mas sim a *norma*[170].

---

170. A bem dizer, o conceito de "normalização" em Foucault diz respeito a estas duas modalidades de exercício do poder na Modernidade ocidental: um poder que tem por alvo a regulação da vida dos indivíduos ("poder disciplinar") e um outro, cujo foco está na regulação da vida das populações ("biopolítica"). Nesse sentido, "normalização" refere-se ao caráter positivo, produtivo do exercício do poder, ou seja, sua função de produzir condutas, gestos e, em última instância, o próprio indivíduo moderno, compreendido como "uma realidade fabricada por esta tecnologia específica de poder que se chama 'disciplina'". Cf. ibid., p. 172.

Em consequência, o modo como Foucault compreende a temática do poder em sua genealogia exigirá o estabelecimento de diferenças entre a lei e norma: ao passo que a primeira refere a conduta individual a um *corpus* de códigos legais, a segunda refere os atos e a conduta individual ao âmbito de um campo regido pela comparação, diferenciação e pela regra a seguir (no sentido da *média das condutas*); se ao primeiro cabe qualificar o ato individual como *permitido* ou *proibido*, com a segunda o que se observa é a medida do ato em termos quantitativos e qualitativos, hierarquizando em termos de valor a capacidade funcional dos indivíduos; se a lei apreende as condutas apenas com referências ao seu interior, isto é, ao que está "dentro da lei", a norma, por sua vez, traça justamente a fronteira daquilo que lhe é exterior, diferente, anômalo ou anormal com relação a seus parâmetros[171]. Nossas sociedades são *sociedades de normalização* na medida em que, nelas, o "Normal se estabelece como princípio de coerção no ensino, com a instauração de uma educação estandardizada e a criação das escolas normais; estabelece-se no esforço para organizar um corpo médico e um quadro hospitalar da nação capazes de fazer funcionar normas gerais de saúde; estabelece-se na regularização dos processos e dos produtos industriais"[172].

---

171. Ibid., p. 202-209.
172. Ibid., p. 208.

NONA LIÇÃO

Da "arqueologia" à "genealogia": o "poder disciplinar" e o exemplo da instituição hospitalar

Para bem demarcar a transitividade e as exigências recíprocas entre arqueologia e genealogia, lançaremos mão de um texto intermediário de Michel Foucault, um texto que, com efeito, representa a contento o ponto de viragem da trajetória foucaultiana neste momento: *O nascimento do hospital*, uma conferência realizada pelo filósofo no Instituto de Medicina Social da Universidade Estadual do Rio de Janeiro (Uerj) em outubro de 1974[173].

Nosso interesse em *O nascimento do hospital* é duplo: a) de uma parte, neste texto Foucault terá que mobilizar seu instrumental arqueológico de uma forma já aclimatada às preocupações genealógicas[174];

---

[173]. FOUCAULT, M. "O nascimento do Hospital". In: MACHADO, *Microfísica do poder*. Op. cit., p. 99-111.

[174]. Apesar de este texto ser anterior a *Vigiar e punir*, que data do ano de 1975, é preciso não esquecer que a abordagem genealógica estava sendo tramada desde os primeiros cursos de Michel Foucault no Collège de France, que datam da primeira metade da década de 1970.

b) seu tema é justamente o "aparecimento do hospital na tecnologia médica"[175], o que nos remeterá a um solo já percorrido em lições anteriores, facilitando, assim, o estabelecimento de proximidades e distâncias entre os procedimentos arqueológico e genealógico.

Pois bem, a pergunta que motiva a conferência de Foucault será relativa ao momento em que o hospital tornou-se instrumento terapêutico de *intervenção* sobre o doente e a doença. Foucault localiza este momento no final do século XVIII, procurando demonstrar que ele será precedido por uma nova prática: "a visita e a observação sistemática e comparada dos hospitais"[176] (no caso da França, são as missões realizadas por Tenon a pedido da Academia de Ciências no momento mesmo em que se colocava em questão uma reconstrução do Hôpital-Dieu em Paris). Trata-se, portanto, de uma série de "viagens-inquérito", cujas características principais seriam as seguintes: 1) é apenas a partir da investigação *in loco* das instituições médicas existentes que se deverá colocar em marcha um programa de reconstrução dos hospitais, o que implica fazer do hospital um "objeto empírico" de conhecimento[177]; 2) esses inquéritos não se dirigem primordialmente à estrutura arquitetônica geral do edifício hospitalar, mas sim a sua *funcionalidade*, ou seja, à relação

---

175. Ibid., p. 99.

176. Ibid.

177. Ibid., p. 100.

entre os fenômenos patológicos e a distribuição espacial do doente[178]; 3) são os médicos que se tornam os agentes responsáveis por essas investigações (assumindo assim o lugar dos arquitetos), e é como médicos que eles são chamados e designados para a missão de produzir inquéritos sobre a estrutura hospitalar (donde, precisamente, o surgimento de um "novo olhar sobre o hospital", agora considerado como uma "máquina de curar" que, por isso mesmo, deve ser corrigida para não produzir "efeitos patológicos"[179]).

Expondo estes três tópicos característicos das "viagens-inquérito" destinadas à reforma dos hospitais no século XVIII, Foucault pretende responder a uma questão que já estava posta em seu horizonte ao menos desde *História da loucura*: como o "hospital foi medicalizado e a medicina pôde tornar-se hospitalar?"[180] Ora, a resposta a essa indagação passa pela consideração de que um dos princípios mais constantes para a formação da instituição hospitalar – tal como a conhecemos – foi a constituição de um espaço de visibilidade total dos corpos, dos indivíduos e das coisas para um olhar centralizado.

---

178. Ibid.

179. Ibid., p. 101. Como sabemos, estamos no momento em que a arqueologia situava o nascimento do hospital como instituição propriamente médica: "Antes do século XVIII, o hospital era essencialmente uma instituição de assistência aos pobres. Instituição de assistência, como também de reparação e exclusão". Cf. ibid, p. 101-102.

180. Ibid., p. 103.

Para sustentar sua hipótese Foucault lança mão de um dado histórico fundamental: não foi por meio de uma ação positiva sobre o doente ou a doença que a instituição hospitalar tornou-se medicalizada, mas sim por meio da anulação de seus efeitos negativos, isto é, de seus efeitos nocivos, de suas desordens internas ("E desordem aqui significa as doenças que ele [o hospital] podia suscitar nas pessoas internadas e espalhar na cidade em que estava situado, como também a desordem econômico-social de que ele era foco perpétuo"[181]). Como confirmação desta hipótese, Foucault recorda que, no século XVIII, a "primeira grande reorganização hospitalar da Europa" deu-se "essencialmente nos hospitais marítimos e militares"[182]. Assim, o ponto de partida da reforma hospitalar não foi o hospital civil, mas sim o hospital marítimo e militar.

Com efeito, o hospital marítimo era, à época, justamente um lugar de severas desordens econômicas e sociais: é por meio dele que se realiza parte substancial do tráfico de mercadorias trazidas das colônias; é também em seu interior que vemos surgir o "problema da quarentena, isto é, da doença epidêmica que as pessoas que desembarcaram podem trazer"[183]. Mas se é preciso "impedir que o hospital militar seja foco de desordem econômica ou

---

181. Ibid.
182. Ibid.
183. Ibid., p. 103-104.

médica"[184], isto exige, antes de tudo, uma reorganização administrativa e política do próprio exército, uma exigência ditada igualmente pelo preço que formação de indivíduos aptos às tarefas militares passa a ter para a sociedade da época: "com o surgimento do fuzil, no final do século XVIII, o exército torna-se muito mais técnico, sutil e custoso"[185].

Nestas condições, a reorganização político-administrativa do hospital militar não se deve a uma reorganização da técnica médica, mas sim à necessidade econômica e social de proceder a um controle que permitisse: 1) vigiar os homens no hospital para que eles não desertassem, posto que tinham sido formados de maneira bastante custosa; 2) pelo mesmo motivo, curá-los para evitar uma morte prematura; 3) evitar que eles fingissem ainda estar doentes e, com isso, permanecessem no hospital[186]. Portanto, o que está em jogo aqui é um *novo esquadrinhamento do poder*, uma forma diversa de seu exercício: trata-se, enfim, da formação de uma "tecnologia política" que Foucault chamará de *disciplina* ou *poder disciplinar*. Tocamos, aqui, o cerne da genealogia foucaultiana.

Em primeiro lugar, Foucault não considera a disciplina como uma técnica ou um tipo de exercício do poder que teria sido inteiramente inventada

---

184. Ibid.
185. Ibid., p. 104.
186. Ibid., p. 104-105.

no século XVIII – ao contrário, ela remonta mesmo à Antiguidade[187]. No entanto, até o século XVIII os mecanismos do poder disciplinar existiam em "estado isolado, fragmentado": o que ocorreu desde então foi o seu aperfeiçoamento enquanto "nova técnica de gestão dos homens", de controle de uma multiplicidade de indivíduos a fim de "majorar o efeito útil de seu trabalho e de sua atividade"[188]. Com efeito, "essas novas técnicas de poder são uma das grandes invenções do século XVIII"[189], e delas dependerá, em grande medida, o processo de *individuação* do sujeito moderno.

Mas quais são as características do "poder disciplinar"? Para descrevê-las, Foucault toma como exemplo paradigmático as mudanças institucionais sofridas pelo exército ao longo do século XVIII:

> 1) De saída, o que se constata à época é a formação de uma "arte de distribuição espacial": se o exército do século XVII reunia indivíduos amontoados, um aglomerado de pessoas no qual a força da tropa se media pela densidade de uma

---

187. "Historicamente as disciplinas existiam há muito tempo, na Idade Média e mesmo na Antiguidade. Os mosteiros são um exemplo de região, domínio no interior do qual reinava o sistema disciplinar. A escravidão e as grandes empresas escravistas existentes nas colônias espanholas, inglesas, francesas, holandesas etc., eram modelos de mecanismos disciplinares. Pode-se recuar até a Legião Romana e, lá também, encontrar um exemplo de disciplina". Cf. ibid., p. 105.

188. Ibid.

189. Ibid.

massa humana, agora, no século XVIII, no momento em que o soldado recebe um fuzil, é preciso estudar cuidadosamente a distribuição dos indivíduos para que se possa obter do grupo a máxima eficiência ofensiva[190].

2) Em segundo lugar, a disciplina é um tipo de exercício do poder que exerce seu controle não sobre o resultado da ação propriamente dita, mas sobre o seu *desenvolvimento*. Isto quer dizer que agora o controle da atividade *"atinge o próprio gesto"*[191].

3) Assim sendo, a disciplina exige uma vigilância constante dos indivíduos: é preciso "vigiá-los durante todo o tempo da atividade e submetê-los a uma perpétua pirâmide de olhares"[192] (daqui o surgimento, no exército, dos sistemas de inspeção, revistas, paradas, desfiles, bem como toda uma série de hierarquias que vão do general-chefe até o soldado raso, no interior da qual cada um vigia seu subordinado e é, concomitantemente, vigiado por seu superior).

4) Em consequência desta vigilância constante, a disciplina também implica um registro igualmente contínuo, de sorte que, em espiral ascendente (do encarregado imediato ao mais alto escalão de controle), todas as informações perti-

---

190. Ibid., p. 105-106.

191. Ibid.

192. Ibid.

nentes acerca do indivíduo, de seus gestos e de sua atividade, cheguem ao cume da "pirâmide disciplinar"[193].

Ora, tendo-se em vista os quatro pontos elencados acima, compreende-se facilmente as palavras de Foucault quando ele define a *disciplina* como sendo o "conjunto de técnicas pelas quais os sistemas de poder vão ter por alvo e resultado os indivíduos em sua singularidade"[194]. O poder disciplinar concerne ao indivíduo, é um poder de *individuação* que se efetua por meio do "exame", isto é, da "vigilância permanente, classificatória, que permite distribuir os indivíduos, julgá-los, medi-los, localizá-los e, por conseguinte, utilizá-los ao máximo"[195].

Mas a medicalização do hospital implicará, por seu turno, todo um processo de transformação do sistema de poder no interior da própria instituição hospitalar. Destarte, se até meados do século XVII o poder estava nas mãos das ordens religiosas, dos missionários, doravante, no momento em que o hospital é concebido como "instrumento de cura", o poder se transfere para as mãos do médico, que terá a função de responder pela própria organização hospitalar. Isso significa que "a forma do claustro, da comunidade religiosa, que tinha servido para organizar o hospital, é banida em proveito de um es-

---

193. Ibid., p. 106-107.

194. Ibid., p. 107.

195. Ibid.

paço que deve ser organizado medicamente"[196]. Assim, a presença do médico se afirma e se multiplica no interior da instituição hospitalar (donde a emergência da figura do "médico de hospital"[197]); e o hospital passa a constituir um campo documental de registro, identificação dos pacientes, acúmulo de saber etc., de sorte a tornar-se não apenas um lugar de cura, mas igualmente um lugar de acúmulo e distribuição do saber, um lugar, enfim, de *formação* de médicos (aqui a clínica aparecerá "como dimensão essencial do hospital"[198]).

Como resultado, a medicina moderna constituirá seu objeto no âmbito da exigência de observação e esquadrinhamento de um imenso domínio, limitado, de um lado, pelo próprio *indivíduo* (posto que é a ele que o saber médico se dirige, a fim de observá-lo, conhecê-lo, curá-lo) e, de outro, pela *população* (na medida em que se trata de constatar fenômenos patológicos comuns a toda comunidade). Assim, uma mesma tecnologia e estratégia de exercício do poder permite a emergência do *indivíduo* como objeto do saber e da prática médicas e, pelo

---

196. Ibid., p. 109.

197. "O grande médico, até o século XVII, não aparecia no hospital; era o médico de consulta privada, que tinha adquirido prestígio graças a certo número de curas espetaculares. [...] O grande médico de hospital, aquele que será mais sábio quanto maior for sua experiência hospitalar, é uma invenção do final do século XVIII." Cf. ibid., p. 109-110.

198. Ibid., p. 111. "Clínica aqui significa a organização do hospital como lugar de formação e transmissão de saber".

mesmo sistema do espaço hospitalar disciplinado, a observação e regulação da vida das populações. "O indivíduo e a população [respectivamente, objetos do poder disciplinar e da biopolítica] são dados simultaneamente como objetos de saber e alvos de intervenção médica, graças à tecnologia hospitalar. A redistribuição dessas duas medicinas será um fenômeno próprio ao século XIX. A medicina que se forma no século XVIII é tanto a medicina do indivíduo quanto a da população"[199].

---

199. Ibid.

Décima lição

"Poder disciplinar" e o "dispositivo panóptico" na genealogia desenvolvida em *Vigiar e punir*

Michel Foucault se lança a uma genealogia da "punição" em *Vigiar e punir* tendo por centro definidor de seu projeto a noção de "dispositivo": mais precisamente, neste caso, "um dispositivo que obrigue pelo *jogo do olhar*; um aparelho onde as técnicas que permitem *ver* induzam a efeitos de poder, e onde, em troca, os meios de coerção tornem claramente *visíveis* aqueles sobre quem se aplicam"[200]. É a isso que Foucault nomeará de "dispositivo panóptico". Veremos em breve de que se trata.

Antes, contudo, interessa sublinhar que a análise genealógica desenvolvida em *Vigiar e punir* não se constitui no estudo da "prisão" propriamente dito, mas de toda uma "tecnologia de poder" egressa da segunda metade do século XVIII, momento

---

200. FOUCAULT, M. *Vigiar e punir*. Op. cit., p. 196 (*grifo nosso*).

em que as práticas punitivas ocidentais sofrem uma modificação fundamental: uma generalização da detenção como forma principal de punição terá lugar aqui, apontando para a configuração de uma nova economia do poder na qual o *corpo supliciado* será substituído pelo *corpo disciplinado* pelos dispositivos de exame e vigilância. Portanto, *Vigiar e punir* procurará refletir sobre os métodos punitivos não como simples consequências de regras de direito, mas sim no registro de uma "tática" ou "tecnologia política do corpo". Trata-se, bem entendido, de uma "política do corpo"[201].

Como temos feito até aqui, vejamos como Foucault desenvolve sua analítica do poder em *Vigiar e punir* dividindo nossa exposição em três momentos: 1) o espetáculo do corpo supliciado como forma punitiva ilustrativa do século XVII; 2) o surgimento de uma nova economia política do poder de punir no século XVIII; 3) a "sociedade disciplinar" característica de nossa Modernidade.

1) O *corpo supliciado*. "[...] em algumas dezenas de anos, desapareceu o corpo supliciado, esquartejado, amputado, marcado simbolicamente no rosto ou no ombro, exposto vivo ou morto, dado

---

201. "Quer dizer que pode haver um 'saber' do corpo que não é exatamente a ciência de seu funcionamento, e um controle de suas forças que é mais que a capacidade de vencê-las: esse saber e esse controle constituem o que se poderia chamar a tecnologia política do corpo". Cf. ibid., p. 29.

como espetáculo"[202]. No século XVII a execução pública é o centro da prática punitiva: o espetáculo do corpo supliciado restaura o poder real, liga o culpado diretamente ao crime e forma o espetáculo de um "cerimonial judiciário que deve trazer à luz a verdade do crime"[203]. Isto é: se todo crime lesava a majestade do príncipe, a liturgia da execução pública de sua punição demonstrava a vitória do poder soberano sobre a ofensa que lhe fora feita.

No entanto, a partir do final do século XVIII, sobretudo na França, o castigo corporal, a exibição do corpo supliciado, o espetáculo de seu suplício público passam a ser condenados em nome de uma "humanização" das penas. É o momento em que o castigo corporal cede seu lugar a uma "economia calculada do poder de punir": uma modificação na qual está implicado todo um deslocamento do ponto de aplicação desse poder de punir, que não incidirá mais sobre o corpo em um "jogo ritual dos sofrimentos excessivos", mas sobre o "espírito", tendo em vista antes "um jogo de representações e de sinais que circulem discretamente, mas com necessidade e evidência no espírito de todos"[204]. Ou seja, uma nova "anatomia do poder político" emergirá neste momento; e ela fará cruzar duas linhas divergentes de um processo

---

202. Ibid., p. 12.

203. Ibid., p. 38. Neste sentido, "Um suplício bem-sucedido justifica a justiça, na medida em que publica a verdade do crime no próprio corpo do supliciado". Cf. ibid., p. 62.

204. Ibid., p. 120-121.

de objetivação do crime e do criminoso que foram formados ao longo do século XVIII: "a [objetivação] que rejeita o criminoso para 'o outro lado' – o lado de uma natureza contra a natureza [o anormal]; e a [objetivação] que procura controlar a delinquência por uma anatomia calculada das punições"[205]. Note-se bem: o corpo ainda será o centro das práticas punitivas, mas seu protagonismo se dará de uma maneira até então inédita. Destarte, para Foucault não se tratou de um movimento de redução de intensidade da pena como forma de um progresso moral e civilizatório – como querem as formulações humanistas –, mas de uma mudança no objetivo e no ponto de aplicação da ação punitiva.

2) Uma nova "economia política" do poder de punir. "Como se articulam um sobre o outro, numa única estratégia, esses dois elementos sempre presentes na reivindicação de uma penalidade suavizada: 'medida' e 'humanidade'?"[206] *Medida* e *humanidade*: eis as duas balizas a partir das quais, no século XVIII, iniciou-se o processo de mudança na prática punitiva, banindo os suplícios e requerendo penas moderadas e proporcionais aos delitos – de sorte a tornar a pena de morte, por exemplo, imputável apenas aos crimes de assassinato. Opera-se, portanto, a supressão do espetáculo do suplício público em favor de uma pena que se manifesta como *ato adminis-*

---

205. Ibid., p. 123.
206. Ibid., p. 95.

trativo do Estado, cuja função será, entre outras, a de anular a dor do sentenciado na execução penal: "Coloca-se então o problema da 'medida' e da economia do poder de punir. [...] O direito de punir deslocou-se da vingança do soberano à defesa da sociedade"[207].

E, no entanto, como vimos, Foucault está longe de considerar tal mudança um sinal de que o "castigo deve ter a 'humanidade' como 'medida'"[208]. Ao contrário, o que *Vigiar e punir* localiza como elemento motivador da Reforma do Direito Penal, que terá lugar na segunda metade do século XVIII, é todo um conjunto complexo de transformações nos domínios econômico, político e social: verifica-se então, com o desenvolvimento da produção, o aumento das riquezas, bem como com o advento de métodos de vigilância mais rigorosos e eficientes, "a passagem de uma criminalidade de sangue [de ataque aos corpos] para uma criminalidade de fraude [desvio dos bens]"[209], de sorte a exigir uma "outra política a respeito dessa multiplicidade de corpos e forças que uma população representa"[210].

Destarte, a Reforma do Direito Penal ocorrida no século XVIII teria sido constituída por dois vetores principais: a) de uma parte, a crítica a uma justiça penal de caráter irregular, isto é, atravessada por uma multiplicidade de instâncias cujo poder de decisão

---

207. Ibid., p. 110-111.

208. Ibid.

209. Ibid., p. 98.

210. Ibid., p. 98.

fragmentava-se em uma "justiça dos senhores", uma "justiça do rei" e uma "justiça das instâncias administrativa e policial" (o objeto da crítica dos reformadores, portanto, eram os poderes excessivos presentes em instâncias inferiores)[211]; b) de outra parte, por sua vez, a exigência, ligada ao próprio desenvolvimento da sociedade capitalista, de construção de uma nova política em relação à gestão das "ilegalidades", quer dizer, da necessidade de um sistema penal cuja tecnologia refira-se não à supressão das "ilegalidades", mas a sua gestão e diferenciação efetivas: "A conjuntura que viu nascer a reforma não é, portanto, a de uma nova sensibilidade, mas a de outra política em relação às ilegalidades"[212].

---

211. FONSECA, M.A. *Michel Foucault e o direito*. São Paulo: Max Limonad, 2002, p. 129-132.

212. FOUCAULT, M. *Vigiar e punir*. Op. cit., p. 102. Segundo Michel Foucault, esta "outra política em relação às ilegalidades" está ligada ao desenvolvimento da sociedade capitalista: "[...] a economia das ilegalidades se reestruturou com o desenvolvimento da sociedade capitalista. A ilegalidade dos bens foi separada da ilegalidade dos direitos. Divisão que corresponde a uma oposição de classes, pois, de um lado, a ilegalidade mais acessível às classes populares será a dos bens – transferência violenta das propriedades; de outro, a burguesia, então, se reservará a ilegalidade dos direitos: a possibilidade de desviar seus próprios regulamentos e suas próprias leis; de fazer funcionar todo um imenso setor da circulação econômica por um jogo que se desenrola nas margens da legislação – margens previstas por seus silêncios, ou liberadas por uma tolerância de fato. E essa grande redistribuição das ilegalidades se traduzirá por uma especialização dos circuitos judiciários; para as ilegalidades de bens – para o roubo –, os tribunais ordinários e os castigos; para as ilegalidades de direitos – fraudes, evasões fiscais, operações comerciais irregulares –, jurisdições especiais com transações, acomodações, multas atenuadas etc." Cf. ibid., p. 107.

Para a genealogia desenvolvida em *Vigiar e punir*, a reforma do direito criminal em fins do século XVIII deve ser lida na chave de uma estratégia de remanejamento do poder de punir a fim de aumentar seus efeitos, diminuindo seu custo econômico e político de acordo com modalidades que o tornam mais regular, mais eficaz, mais constante e mais bem detalhado em seus efeitos. Assim sendo, o que "vai se definindo não é tanto um respeito novo pela humanidade dos condenados – os suplícios ainda são frequentes, mesmo para os crimes leves – quanto uma tendência para uma justiça mais desembaraçada e mais inteligente para uma vigilância penal mais atenta do corpo social"[213].

3) A "sociedade disciplinar": vigilância e reclusão. "Nossa sociedade não é de espetáculos, mas de vigilância [...]. Não estamos nem nas arquibancadas nem no palco, mas na máquina panóptica, investidos por seus efeitos de poder que nós mesmos renovamos, pois somos suas engrenagens"[214]. Pois bem: se estamos diante do surgimento de "uma justiça mais desembaraçada e mais inteligente para uma vigilância penal mais atenta do corpo social", com vimos logo acima, então a modificação que se opera em fins do século XVIII está relacionada a uma nova tecnologia punitiva que terá, na *vigilância, na distri-*

---

213. Ibid.
214. Ibid., p. 240.

buição da visibilidade do espaço, seu lugar efetivo de exercício. É a isto que Foucault chamará de "máquina panóptica": valendo-se do modelo arquitetônico proposto por Jeremy Bentham (1748-1832) para o encarceramento – o *Panóptico* –, *Vigiar e punir* caracteriza o "panoptismo" como o exercício de um dispositivo de poder disciplinar no qual a vigilância regrada e permanente constitui o "princípio geral de uma 'anatomia política' cujo objetivo e finalidade [...] são as relações de disciplina"[215].

Grosso modo, o *Panóptico* de Bentham pode ser descrito como se segue. Trata-se de uma construção periférica, em forma de anel, com uma torre de vigilância em seu centro. O edifício é dividido em celas, cada qual possuindo duas janelas – uma para o exterior, por onde entra a luz, e uma para o interior, de frente para a torre central. A torre central, por sua vez, possui janelas que permitem olhar através das janelas interiores das próprias celas. Sendo assim, basta situar o vigilante na torre central para assegurar a vigilância daqueles que estão presos nas celas. O jogo de luminosidade – que emana das janelas que dão para o exterior das celas – permite que o vigilante veja sem ser visto. Ora, é sobre esta distribuição da visibilidade do espaço que repousa o funcionamento do *Panóptico*, este é o seu efeito mais importante: trata-se de "induzir no detento um estado consciente e permanente de visibilidade que assegura o funcio-

---

215. Ibid., p. 210.

namento automático do poder. Fazer com que a vigilância seja permanente em seus efeitos, mesmo se é descontínua em sua ação. [...] Por isso Bentham colocou o princípio de que o poder deveria ser visível e inverificável. Visível: sem cessar, o detento terá diante dos olhos a alta silhueta da torre central de onde é espionado. Inverificável: o detento nunca deve saber se está sendo observado, mas deve ter certeza de que sempre pode sê-lo"[216].

Para o Foucault de *Vigiar e punir*, no entanto, o *Panóptico* não é uma tecnologia exclusiva da prisão, mas sim de um mecanismo de poder que podemos encontrar igualmente em instituições como o hospital, o exército, a escola, a fábrica etc.[217] Portanto, não se trata tanto de caracterizar uma tecnologia de poder exclusiva do modelo punitivo da prisão, mas, ao contrário, de tomar a própria reclusão prisional como tecnologia política – ou "anatomopolítica" – própria ao contexto do panoptismo geral da sociedade moderna, uma *sociedade disciplinar*[218].

---

216. Ibid., p. 224-225.

217. "O que há de surpreendente se a prisão se assemelha às fábricas, às escolas, às casernas, aos hospitais, que todos se pareçam com a prisão?" Cf. ibid., p. 229.

218. "Mas o *Panóptico* não deve ser compreendido como um edifício onírico: é o diagrama de um mecanismo de poder levado à sua forma ideal; seu funcionamento, abstraindo-se de qualquer obstáculo, resistência ou desgaste, pode ser bem representado como um puro sistema arquitetural e óptico: é na realidade uma figura de tecnologia política que se pode e se deve destacar de qualquer uso específico". Cf. ibid., p. 207.

Assim, para Foucault a prisão será, justamente, a forma de aparelho disciplinar exaustivo do modelo panóptico; é na reclusão punitiva que terá lugar – primordialmente, mas não exclusivamente – os dois elementos mais característicos do poder disciplinar: a) distribuição dos corpos em um espaço de visibilidade; b) em consequência, uma vigilância que permita o controle da atividade individual para dela extrair o máximo de utilidade produtiva. Ora, se a prisão é a forma punitiva que melhor convém à nova situação econômico-social da Europa em fins do século XVIII, é porque, nela, a *vigilância*, a *norma* e o *exame* formam – na condição de componentes de uma tecnologia política – uma inversão na qual são os dominados que se mostram, e não os dominadores. Em poucas palavras: "O sucesso do poder disciplinar se deve sem dúvida ao uso de instrumentos simples: o olhar hierárquico, a sanção normalizadora e sua combinação num procedimento que lhe é específico, o exame"[219].

Destarte, o *Panóptico* não é tanto uma forma arquitetônica, mas, sobretudo, uma forma de governo, uma maneira de exercício do poder – disciplinar – sobre outrem. Neste sentido, a forma-prisão (na qualidade de mecanismo fundamental para o panoptismo característico da sociedade disciplinar) precede à sua utilização sistemática nas leis penais. A bem dizer, ela já estava elaborada no processo ge-

---

219. Ibid., p. 195.

ral de disciplinarização da sociedade no final do século XVIII, quando, finalmente, o "que generaliza [...] o poder de punir não é a consciência universal da lei em cada um dos sujeitos de direito", mas sim sua "extensão regular", sua "trama infinitamente cerrada dos processos panópticos"[220].

---

220. Ibid., p. 247.

Conclusão

À guisa de conclusão, comecemos com as palavras de François Ewald, responsável pela edição dos cursos dados por Michel Foucault no Collège de France: "Nossa visão de mundo está profundamente ligada ao trabalho de Michel Foucault. Nosso olhar sobre a loucura, a exclusão, depende, em grande parte, de sua *História da loucura na Idade Clássica*. A crítica contemporânea da ciência, as questões que nós lhe endereçamos, simultaneamente sobre as suas condições de possibilidade e sobre suas relações com certas estruturas de poder, inscrevem-se na dobra de *As palavras e as coisas* e a *Arqueologia do saber*. A questão do direito, do julgamento, da justiça e da punição, não podem mais evitar seu desvio em direção ao arbítrio que as funda: *Vigiar e punir*"[221].

Ewald tem o mérito de, em um único parágrafo, de um só fôlego, oferecer-nos um quadro substantivo daquilo que se poderia chamar de a "atualidade" do pensamento de Foucault: sem a obra foucaultiana, quão diferente seria nosso olhar a respeito da

---

221. EWALD, F. "La philosophie comme acte". *Le magazine litterárie* – Dossier Michel Foucault: une étique de la vérité, n. 435, out./2004, p. 30.

loucura, da exclusão, da ciência, do direito, da justiça, da prática médica e, no final das contas, da própria "filosofia"?[222] De fato, se Foucault nos influencia, é porque sua obra representa um esforço intelectual que, em suas próprias palavras, poder-se-ia caracterizar como uma "etnologia da cultura à qual nós pertencemos"[223]. Tal "etnologia", é bom que se diga, não se reduz – e nem se poderia fazê-lo – a uma simples condenação da ordem social *per si*, tomada em seu conjunto, em sua generalidade, qualquer que seja ela. Antes, trata-se de compreender aquilo que Lévi-Strauss, em *Tristes trópicos* (1955), já afirmara: "Ao se locomover dentro de seu espaço, o homem transporta consigo todas as posições que já ocupou, todas as que ocupará"[224].

A pergunta essencial da filosofia foucaultiana, nesse sentido, poderia apresentar-se nos seguintes termos: nestes espaços nos quais nos movemos, na topografia das posições ocupadas por nós, e que nos são dadas como universais, necessárias, obrigatórias, "qual é a parte que é singular, contingente e devida a constrangimentos arbitrários?"[225] Isto é:

---

222. "Foucault inventa um estilo na filosofia, uma prática de filosofia que quase não se pode reconhecer nas formas da filosofia universitária". Cf. ibid., p. 31.

223. FOUCAULT, M. "Qui êtes-vous, Professeur Foucault?" Op. cit., p. 633.

224. STRAUSS, L. *Tristes trópicos*. São Paulo: Cia. das Letras, 2009, p. 390 [Trad. de Rosa Freire D'Aguiar].

225. FOUCAULT, M. "Qu'est-ce que les Lumières?" Op. cit., p. 1.393.

como sair do círculo vicioso da repetição de espaços e lugares informados pelas estruturas fundamentais – e historicamente arbitrárias – do campo de pensamento que é o *nosso*?

Ora, a atualidade de nossa experiência sobre a loucura repousa na repetição de uma divisão originária entre "razão" e "desrazão", uma divisão que se desdobra no movimento de medicalização da loucura, espaço que torna possível o nascimento de uma psiquiatria. Do mesmo modo, a atualidade de nossa experiência punitiva repousa sobre a repetição incessante de um conjunto de transformações históricas nas relações de poder, redundando na submissão do campo do judiciário ao do penitenciário[226]. E se é preciso lembrar que não se contorna facilmente os *signos da cultura*, é necessário, igualmente, considerar que nenhuma cultura, qualquer que seja ela, está isenta de suas cisões, de seus cortes, de abrigar em si o seu *outro*, sua alteridade. Assim, por exemplo – tomando-se *História da loucura* –, à "experiência positiva" da loucura (medicalizada, patologizada) vem somar-se, como sua contraparte, a experiência lírica e trágica de Sade, Nietzsche, Artaud e tantos outros – profundamente heterogêneas, mas complementares, tais experiências explicitam, por contraprova e em seus limites, tanto as condições de possibilidade do saber sobre a desrazão quanto as formas possíveis de sua contestação. Também em *Vigiar e punir*, como se sabe, ao exercício de um dispositivo de poder corresponderá –

---

226. EWALD, "La philosophie comme acte". Op. cit. p. 31.

sempre – um *contrapoder*: as relações de poder são sempre instáveis, constituídas por lutas, enfrentamentos e pontos de resistência.

Mas o poder não está ausente do saber – ao contrário, é a urdidura entre o *exercício do poder* e a *manifestação da verdade* que constitui a relação de forças de nossa sociedade. Assim, o que significa, *para nós*, o fato de nossos julgamentos estarem ligados à exigência da verdade? A "questão política", dirá Foucault, "não é o erro, a ilusão, a consciência alienada ou a ideologia; é a própria verdade"[227].

***

Fazer uma "etnologia de nós mesmos" – ou uma "ontologia de nós mesmos", como prefere Foucault[228] – significa, portanto, a busca deliberada de

---

227. FOUCAULT, M. "Verdade e poder". In: MACHADO. *Microfísica do poder*. Op. cit., p. 12.

228. "Mas há, na filosofia moderna e contemporânea, um outro tipo de questão, um outro modo de interrogação crítica: é aquela que se vê nascer justamente na questão da *Aufklärung*, ou no texto sobre a revolução; esta outra tradição crítica coloca a questão: 'O que é a nossa atualidade? Qual é o campo atual das experiências possíveis?' Não se trata, aqui, de uma analítica da verdade; trata-se do que se poderia chamar uma *ontologia do presente*, uma *ontologia de nós mesmos*, e parece-me que a escolha filosófica com a qual nós nos encontramos confrontados atualmente é esta: pode-se optar por uma filosofia crítica que se apresentará como uma filosofia analítica da verdade em geral, ou pode-se optar por um pensamento crítico que tomará a forma de uma *ontologia de nós mesmos*, de uma ontologia da atualidade; é esta forma de filosofia que, de Hegel à Escola de Frankfurt, passando por Nietzsche e Max Weber, fundou uma forma de reflexão dentro da qual tentei trabalhar". Cf. FOUCAULT, M. "Qu'est-ce que les Lumières?" Op. cit., p. 1506-1507 (*grifo nosso*).

seu objeto do lado dos processos anônimos que caracterizam o sistema constringente de uma dada cultura, sua *estrutura sistêmica* e *sistematizante*. Para tanto, é necessário colocar na berlinda os fundamentos históricos da racionalidade como espírito da cultura moderna ocidental. Daqui o privilégio inicial, atribuído pelas investigações foucaultianas, à análise do discurso: se Foucault nega a afirmação tradicional da *verdade* como adequação – isto é, como correspondência entre uma coisa e a ideia que fazemos a seu respeito –, é porque, segundo ele, a coisa conhecida não pode separar-se dos quadros (os "discursos") por meio dos quais os homens historicamente se representam as coisas; e o conhecimento, por seu turno, informando "dados objetivos", antes constitui seus objetos do que os reflete. Somos constrangidos, pelo solo histórico de formação dos enquadramentos do discurso e do pensamento, a certas formas do pensável e do enunciável; logo, a certos esquadros que dirigem nossas práticas a partir do horizonte que informa os nossos saberes. Neste sentido, dirá Foucault já em 1963, o essencial "nas coisas ditas pelos homens" não é tanto o que eles teriam pensado para *aquém* ou para *além* delas, "mas o que desde o princípio as sistematiza, tornando-as, pelo tempo afora, infinitamente acessíveis a novos discursos e abertas à tarefa de transformá-los"[229]. Isto é: "não se sai jamais do saber"[230].

---

229. FOUCAULT, M. *O nascimento da clínica.* Op. cit., p. xvi.

230. FOUCAULT, M. "Entretien avec Madeleine Chapsal". *Dits et écrits I, 1954-1975.* Op. cit., p. 545.

Deste modo, as investigações foucaultianas, em sua aparente multiplicidade, descontinuidade e dispersão, encontram seu ponto de aplicação, por assim dizer, inequívoco: são maneiras de fazer valer um questionamento que busca reapanhar a sistematização progressiva daquilo que, arbitrariamente, propõe-se como dado natural. Por esta via, e para além de uma problemática concernente a uma análise linguística *tout court*, é preciso articular a instauração da racionalidade própria aos cânones da cultura – sobretudo do discurso científico – com o papel de exigência e coerção exercidas pela "norma" nos domínios aos quais ela é aplicável. Afinal, e como nos faz notar Georges Canguilhem (uma das influências capitais para a reflexão foucaultiana), "Aristóteles não é, ao mesmo tempo, o lógico do conceito e o sistematizador dos seres vivos? [...] fixidez da repetição dos seres constrange o pensamento à identidade da asserção"[231].

Como medir a *atualidade* de Foucault, sua influência no pensamento filosófico, político, histórico e alhures? Não se trata de conferir uma resposta unívoca a essa questão, e nem tampouco de esgotá-la como interrogação. Mas se há uma *atualidade* no pensamento de Foucault, devemos buscá-la em sua insistência em nos fazer notar a impossibilidade, na qual nos encontramos, de reivindicar para o pensamento o lugar de um *discurso (do) absoluto* –

---

231. CANGUILHEM. "Le concept et la vie". *Études d'histoire et de philosophie des sciences*. Op. cit., p. 336.

e isso sob pena de repor em circulação a mesma "política de verdade" que, desde a aurora de nosso pensamento, nos envolve e aliena na busca de uma origem perdida. Uma atualidade tão mais significativa quanto maior a sua capacidade de deslocar o centro de gravitação de uma conformação cultural que postula a existência de uma "verdade" (psicológica, científica, social, política) *do* homem, bem como a necessidade, correlata, de dizê-la, confessá-la. Neste sentido, e como o pensamento de Michel Foucault não cansa de afirmar, o sujeito não é senhor soberano de uma verdade, mas objeto de conhecimento e, em consequência, de divisões normativas. Objeto, enfim, dos dispositivos tipicamente modernos de uma violência disciplinadora.

Referências

ALLIEZ, É. *Da impossibilidade da fenomenologia –* Sobre a filosofia francesa contemporânea. São Paulo: Ed. 34, 1996 [Trad. de Raquel de Almeida Prado e Bento Prado Jr.].

BACHELARD, G. *Le nouvel esprit scientifique.* Paris: Félix Alcan, 1937.

CANGUILHEM, G. "Abertura". In: ROUDINESCO, E. et al. *Leituras da história da loucura.* Rio de Janeiro: Relume-Dumará, 1994.

_____. "Le concept et la vie". *Études d'histoire et de philosophie des sciences.* Paris: Vrin, 1994.

_____. "L'objet de l'histoire des sciences". *Études d'histoire et de philosophie des sciences.* Paris: Vrin, 1994.

_____. "L'histoire des sciences dans l'oeuvre épistémologique de Gaston Bachelard". *Études d'histoire et de philosophie des sciences.* Paris: Vrin, 1994.

DELEUZE, G. *Foucault*. Paris: De Minuit, 1986 [Collection Critique].

DOSSE, F. *História do estruturalismo* – Vol. I: O campo do signo, 1945-1966. São Paulo/Campinas: Ensaio/Unicamp, 1993 [Trad. de Álvaro Cabral].

ERIBON, D. *Michel Foucault, 1926-1984*. Paris: Flammarion, 1989.

EWALD, F. "La philosophie comme acte". *Le magazine litterárie* – Dossier Michel Foucault: une étique de la vérité, n. 435, out./2004.

_____. "O cuidado com a verdade". In: ESCOBAR, C.H. (org.). *Michel Foucault (1926-1984)*: o dossier, últimas entrevistas. Rio de Janeiro: Taurus, 1984 [Trad. de Ana Maria de A. Lima e Maria da Glória R. da Silva (O retorno da moral)].

FONSECA, M.A. *Michel Foucault e o direito*. São Paulo: Max Limonad, 2002.

FOUCAULT, M. *O nascimento da clínica*. Rio de Janeiro: Forense Universitária, 2008 [Trad. de Roberto Machado].

_____. "Introduction à l'anthropologie de Kant". In: KANT, I. *Antropologie du point de vue pragmatique* & *Introduction à l'anthropologie*. Paris: Vrin, 2008 [Bibliothèque des Textes Philosophiques].

_____. *As palavras e as coisas* – Uma arqueologia das ciências humanas. São Paulo: Martins Fontes, 2007 [Trad. de Salma Tannus Muchail].

_____. *A ordem do discurso*. São Paulo: Loyola, 2004 [Trad. de Laura Fraga de Almeida Sampaio].

_____. *A hermenêutica do sujeito* – Curso no Collège de France (1981-1982). São Paulo: Martins Fontes, 2004 [Trad. de Márcio Alves da Fonseca e Salma Tannus Muchail].

_____. *Nascimento da biopolítica* – Curso no Collège de France (1978-1979). São Paulo: Martins Fontes, 2004 [Trad. de Eduardo Brandão].

_____. *História da loucura na Idade Clássica*. São Paulo: Perspectiva, 2003 [Trad. de José Teixeira Coelho Netto].

_____. *A verdade e as formas jurídicas*. Rio de Janeiro: Nau, 2003 [Trad. de Roberto Cabral de Melo Machado e Eduardo Jardins Morais. Supervisão final do texto por Lea Porto de Abreu Novaes et al.].

_____. "Nietzsche, a genealogia e a história". In: MACHADO, R. (org.). *Microfísica do poder*. Rio de Janeiro: Graal, 2002 [Organização, introdução e revisão técnica de Roberto Machado].

_____. "Verdade e poder". In: MACHADO, R. (org.). *Microfísica do poder*. Rio de Janeiro: Graal, 2002 [Organização, introdução e revisão técnica de Roberto Machado].

_____. "Qui êtes-vous, Professeur Foucault?" *Dits et écrits I, 1954-1975*. Paris: Quarto Gallimard, 2001.

_____. "Qu'est-ce que les Lumières?" *Dits et écrits II, 1976-1988*. Paris: Quarto Gallimard, 2001.

_____. "Entretien avec Madeleine Chapsal". *Dits et écrits I, 1954-1975*. Paris: Quarto Gallimard, 2001.

_____. "Entretien avec Michel Foucault". *Dits et écrits II, 1976-1988*. Paris: Quarto Gallimard, 2001.

_____. "Sur les prisons". *Dits et écrits I, 1954-1975*. Paris: Quarto Gallimard, 2001.

_____. "Foucault". *Dits et écrits II, 1976-1988*. Paris: Quarto Gallimard, 2001.

_____. "La scène de la philosophie". *Dits et écrits II, 1976-1988*. Paris: Quarto Gallimard, 2001.

_____. "Préface à l'édition anglaise". *Dits et écrits I, 1954-1975*. Paris: Quarto Gallimard, 2001.

_____. "Préface". *Dits et écrits I, 1954-1975*. Paris: Quarto Gallimard, 2001.

_____. *Em defesa da sociedade* – Curso no Collège de France (1975-1976). São Paulo: Martins Fontes, 2000 [Trad. de Maria Ermantina Galvão].

_____. *Les anormaux* – Cours au Collège de France (1974-1975). Paris: Seuil/Gallimard, 1999 [Collection Hautes Études. Édition établie sous la direction de François Ewald et Alessandro Fontana, par Valerio Marchetti et Antonella Salomoni].

_____. *Vigiar e punir* – Nascimento da prisão. Petrópolis: Vozes, 1987 [Trad. de Lígia M. Ponde Vassalo].

_____. "L'usage des plaisirs". *Histoire de la sexualité*. Vol. 2. Paris: Gallimard, 1984 [Bibliothèque des Histoires].

_____. "La volonté de savoir". *Histoire de la Sexualité*. Vol. 1. Paris: Gallimard, 1976 [Bibliothèque des Histoires].

_____. "Entrevista com Michel Foucault". In: ROUANET, S.P. (org.). *O homem e o discurso* (A arqueologia de Michel Foucault). Rio de Janeiro: Tempo Brasileiro, 1971.

_____. *L'archéologie du savoir*. Paris: Gallimard, 1969 [Bibliothèque des Sciences Humaines].

GROS, F. "Introduction". In: GROS, F. & LÉVY, C. (org.). *Foucault et la philosophie antique*. Paris: Kimé, 2003.

MACHADO, R. *Foucault, a ciência e o saber*. Rio de Janeiro: Zahar, 2006.

_____. "Introdução – Por uma genealogia do poder". In: MACHADO, R. (org.). *Microfísica do poder*. Rio de Janeiro: Graal, 2002 [Organização, introdução e revisão técnica de Roberto Machado].

MONDRIN, B. *Introdução à filosofia*: problemas, sistemas, autores, obras. São Paulo: Paulus, 1980 [Trad. de J. Renard; revisão técnica de Danillo Moraes; revisão literária de Luis Antônio Miranda].

MUCHAIL, S.T. "Sobre o cuidado de si – Surgimento e marginalização filosófica". In: PEREZ, D.O. (org.). *Filósofos e terapeutas* – Em torno da questão da cura. São Paulo: Escuta, 2007.

ROUANET, S.P. "A gramática do homicídio". *O homem e o discurso* (A arqueologia de Michel Foucault). Rio de Janeiro: Tempo Brasileiro, 1971.

ROUDINESCO, E. et al. *Leituras da história da loucura*. Rio de Janeiro: Relume-Dumará, 1994 [Trad. de Maria Ignes Duque Estrada].

STRAUSS, L. *Tristes trópicos*. São Paulo: Cia das Letras, 2009 [Trad. de Rosa Freire D'Aguiar].

VEYNE, P. *Comment on écrit l'histoire*. Paris: Seuil, 1978.

YAZBEK, A.C. *Itinerários cruzados* – Os caminhos da contemporaneidade francesa nas obras de Jean-Paul Sartre e Michel Foucault. São Paulo: Educ/Fapesp.

COLEÇÃO 10 LIÇÕES
Coordenador: *Flamarion Tavares Leite*

– *10 lições sobre Kant*
  Flamarion Tavares Leite
– *10 lições sobre Marx*
  Fernando Magalhães
– *10 lições sobre Maquiavel*
  Vinícius Soares de Campos Barros
– *10 lições sobre Bodin*
  Alberto Ribeiro G. de Barros
– *10 lições sobre Hegel*
  Deyve Redyson
– *10 lições sobre Schopenhauer*
  Fernando J.S. Monteiro
– *10 lições sobre Santo Agostinho*
  Marcos Roberto Nunes Costa
– *10 lições sobre Foucault*
  André Constantino Yazbek
– *10 lições sobre Rousseau*
  Rômulo de Araújo Lima
– *10 lições sobre Hannah Arendt*
  Luciano Oliveira
– *10 lições sobre Hume*
  Marconi Pequeno
– *10 lições sobre Carl Schmitt*
  Agassiz Almeida Filho
– *10 lições sobre Hobbes*
  Fernando Magalhães
– *10 lições sobre Heidegger*
  Roberto S. Kahlmeyer-Mertens
– *10 lições sobre Walter Benjamin*
  Renato Franco
– *10 lições sobre Adorno*
  Antonio Zuin, Bruno Pucci e Luiz Nabuco Lastoria
– *10 lições sobre Leibniz*
  André Chagas
– *10 lições sobre Max Weber*
  Luciano Albino
– *10 lições sobre Bobbio*
  Giuseppe Tosi